贯彻落实教育规划纲要，推进教育体制改革

中国民办教育发展报告2019

周海涛 钟秉林 等 著

科学出版社

北京

内容简介

2019年我国进入后人均1万美元的高质量发展新阶段，人们对美好教育的需要日益迫切。民办教育的发展更加注重学校内部治理改革，持续推进治理现代化；逐渐提升教师队伍质量，培养高素质专业化教师队伍；不断提高人才培养质量，提供更具特色、更公平的优质教育。师生发展是民办教育发展的核心目标和内涵要求，是民办学校发展的本质。《中国民办教育发展报告》聚焦民办学校师生发展，连续出版多年，系统反映全国民办教育事业改革与发展，2019年度报告深度关注民办学校师生发展面临的热点、难点问题。报告内容包括中国民办教育年度发展总报告、民办学校教师发展报告、民办学校学生发展报告三个部分。

本书努力为深化民办教育研究、推动我国民办教育健康发展提供学术支撑和政策决策参考。

图书在版编目（CIP）数据

中国民办教育发展报告. 2019/周海涛等著. —北京：科学出版社，2020.11
ISBN 978-7-03-067084-7

Ⅰ. ①中⋯　Ⅱ. ①周⋯　Ⅲ. ①社会办学-研究报告-中国-2019　Ⅳ. ①G522.74

中国版本图书馆 CIP 数据核字（2020）第 241771 号

责任编辑：孙文影 / 责任校对：何艳萍
责任印制：李　彤 / 封面设计：润一文化

科学出版社 出版
北京东黄城根北街16号
邮政编码：100717
http://www.sciencep.com

北京中科印刷有限公司 印刷
科学出版社发行　各地新华书店经销

*

2020年11月第 一 版　开本：787×1092　1/16
2020年11月第一次印刷　印张：11 3/4
字数：200 000
定价：89.00元
（如有印装质量问题，我社负责调换）

课 题 组

组　长　周海涛　钟秉林
成　员　郑淑超　朱玉成　施悦琪　王艺鑫
　　　　　王　倩　廖苑伶　吴丽朦　马杨桦
　　　　　于　榕　张墨涵　胡万山　徐　珊

前　言

《2019年政府工作报告》中强调依法支持民办教育发展。《民办教育工作部际联席会议2019年工作要点》中重申切实保障民办学校教职工、学生的合法权益。《国务院办公厅关于印发教育领域中央与地方财政事权和支出责任划分改革方案的通知》中明确提出，以义务教育、学生资助等基本公共服务为重点，加快推进教育领域基本公共服务均等化。同时，进一步规范民办学校办学行为。《中共中央 国务院关于深化教育教学改革全面提高义务教育质量的意见》中提出，民办义务教育纳入审批地统一管理、普通高中按审批机关统一标准，与公办学校同步招生。民办教育改革步入健康规范、高质量内涵式发展期，持续改善教师工作境遇、着力优化学生学习环境、逐渐推进师生素养发展、不断提升师生获得感、提供人民满意的优质民办教育是新阶段的工作重点。

基于此，《中国民办教育发展报告 2019》主要着眼于我国民办学校发展总体状况，着重关注学生和教师的发展情况。课题组自2014年起，从民办高校师生数据库入手，连续5年采集北京、江苏、浙江、河南、江西、四川、贵州和宁夏等十余省份的千余所民办学校师生发展数据，分阶段分批完善民办教育数据结构，为民办教育研究和政策决策提供数据支持。2019年，课题组进一步拓展数据库，调查省份数量达到12个，采集民办学校数量达到306所；师生样本量不断扩大，新增教师有效样本数10 464人、学生有效样本数121 266人。

本报告分为三个部分。

第一部分是"中国民办教育年度发展总报告"，全面统计和量化分析2019年民办学校师生发展数据，从宏观上研判我国民办学校师生发展基本状况。包括研究技术报告、民办高校师生发展报告、民办中小学师生发展报告。报告分析侧重群体发展数据的描述性统计和差异性比较，主要采用均值比较法，以图表相结合的方式直观呈现结果，同时重视各变量间的显著性差异。

第二部分是"民办学校教师发展报告"，从教师的师德师风、职业情感、教学效能感三个方面,分别分析民办高校教师和民办中小学教师发展状况。经过改革开放 40 多年来的发展,民办学校已进入改革创新攻坚期和质量内涵提升期,广大民办学校宜适时转变发展重心,将关注点和资源集中到内部治理改革、培养模式创新、教育质量提升上,加快健全教师专业发展体系,持续推进教师素养和能力发展,着力提升教师发展水平。

第三部分是"民办学校学生发展报告",从职业生涯素养、获得感、移动学习素养三个方面,分别分析民办高校学生和民办中小学学生发展状况。在民办教育法规政策日益完善的形势下,民办教育的法律地位得以提高、社会地位逐步提升、办学行为日趋规范、可持续健康发展进程不断推进。民办学校宜全面坚持以生为本,进一步提升人才培养质量,不断增强学生权益保障水平,更加重视学生个体发展,持续提高学生获得感。

各部分内容要点如下。

一、民办教育总体发展概况

(一)民办高校师生发展概况

调查借助 4 个指标测量民办高校教师发展的基本状况,分别是师德师风、职业情感、教学效能感和工作压力。数据显示样本学校教师的师德师风均值为 4.251,在各指标中均值最高;教学效能感均值为 4.109;职业情感均值为 4.090;工作压力均值最低,为 2.873。总体上,全国民办高校教师发展状况良好,教师的师德师风、教学效能感均值较高,情况较好。同时,教师职业认同、学生投入效能感等方面亟待加强,尤其是教师在教学保障方面的工作压力仍有较大改善空间。

民办高校学生发展基本状况通过 3 个指标进行测量,分别是职业生涯素养、获得感和移动学习素养。数据显示样本学校学生的职业生涯素养均值为 3.748,在各指标中均值最高;获得感均值为 3.543;移动学习素养均值最低,为 3.537。总体上,全国民办中小学学生发展状况较好,学生的职业生涯素养、获得感均值较高,情况较好。同时,在生涯关注度、参与获得感、移动学习使用能力等方面亟待加强,提升空间较大。

(二)民办中小学师生发展概况

本次调查通过 4 个指标测量民办中小学教师发展的基本状况,分别是师德师风、职业情感、教学效能感和工作投入。数据显示样本学校教师的师德师风均值为 4.293,在各指标中均值最高;教学效能感均值为 4.241;职业情感均值为 4.212;工作投入均值最低,为 4.198。总体上,全国民办中小学教师发展状况良好,教师的师德师风和教学效能感均值较高。具体来看，教师的学生投入效能感、工作投入状态等方面亟待加强，尤其是教师职业认同方面具有较大改善空间。

本次调查通过3个指标测量民办中小学学生发展的基本状况，分别是职业生涯素养、获得感和健康素养。数据显示民办中小学学生的健康素养均值为4.149，在各指标中均值最高；获得感均值为4.129；职业生涯素养均值最低，为4.013。总体上，全国民办中小学学生发展状况较好，学生的健康素养、获得感均值较高，情况较好。同时，职业生涯自信度、参与获得感、健康行为等方面亟待加强，提升空间较大。

二、民办学校教师发展概况

（一）师德师风

民办学校教师师德师风分为政治方向、爱国守法、文化传播、教书育人、言行雅正、公平诚信、廉洁自律7个维度。民办高校教师各维度均值分别为4.330、4.330、4.278、4.225、4.226、4.178、4.188。87.66%的民办高校教师对师德师风情况持积极态度。民办中小学教师各维度均值分别为4.343、4.332、4.298、4.271、4.283、4.268、4.254。92.20%的民办中小学教师对师德师风情况持积极态度。

（二）职业情感

民办学校教师职业情感分为职业认同、职业理想、职业情怀、自我提升4个维度。民办高校、民办中小学教师在各个维度上的均值高低排序均为：自我提升>职业情怀>职业理想>职业认同。民办高校教师自我提升、职业情怀、职业理想、职业认同的均值分别为4.228、4.194、4.074、3.864。80.85%的民办高校教师，对自身职业情感持积极态度。民办中小学教师的自我提升、职业情怀、职业理想、职业认同均值分别为4.330、4.304、4.193、3.064。88.42%的民办中小学教师对自身职业情感持积极态度。

（三）教学效能感

民办学校教师教学效能感分为教学策略、课堂管理、学生投入3个维度。民办高校、民办中小学教师在各维度的均值高低排序均为：课堂管理>教学策略>学生投入。民办高校教师的课堂管理、教学策略、学生投入均值分别为4.147、4.130、4.050。86.68%的民办高校教师对自身教学效能感持积极态度。民办中小学教师的课堂管理、教学策略、学生投入均值分别为 4.270、4.237、4.216。93.17%的民办中小学教师对自身教学效能感持积极态度。

（四）工作压力

民办高校教师工作压力分为工作保障、教学保障、人际关系、工作负荷、工作乐趣 5 个维度。在民办高校教师样本中，工作保障压力均值最高，达到 3.305；工作负荷压力均值为 2.960；教学保障压力均值为 2.815；人际关系压力均值为 2.619；工作乐趣压力均值最低，为 2.575。41.13%的民办高校教师自我感知工作压力较小，仍有 58.87%的民办高校教师感受到较大的工作压力。

（五）工作投入

民办中小学教师工作投入分为工作投入能力、工作投入状态、工作投入效果 3 个维度。民办中小学教师在各维度的均值高低排序为：工作投入能力>工作投入效果>工作投入状态。在民办中小学教师样本中，工作投入能力均值最高，为 4.215；工作投入效果均值次之，为 4.213；工作投入状态均值最低，为 4.166。90.83%的民办中小学教师对自身的工作投入持积极态度。

三、民办学校学生发展概况

（一）职业生涯素养

民办学校学生职业生涯素养分为生涯关注、生涯控制、生涯好奇、生涯自信、生涯调适 5 个维度。在民办高校学生样本中，生涯控制均值最高，达到 3.769；生涯好奇均值为 3.765；生涯调适均值为 3.763；生涯关注均值为 3.731；生涯自信均值最低，为 3.710。63.58%的民办高校学生对自身的职业生涯素养持积极态度。在民办中小学学生样本中，生涯调适均值最高，达到 4.089；生涯控制均值为 4.044；生涯好奇均值为 4.033；生涯自信均值为 3.976；生涯关注均值最低，为 3.921。76.24%的民办中小学学生对自身的职业生涯素养持积极态度。

（二）获得感

民办学校学生获得感分为参与感、认同感、成就感和幸福感 4 个维度。民办高校、民办中小学学生在 4 个维度的均值高低排序为：成就感>幸福感>认同感>参与感。民办高校学生的成就感、幸福感、认同感、参与感均值分别为 3.696、3.673、3.437、3.367。51.45%

的民办高校学生对自身的获得感持积极态度，仍有 48.55%的学生的获得感有待增强。民办中小学学生的成就感、幸福感、认同感、参与感均值分别为 4.223、4.210、4.082、4.002。81.77%的民办中小学学生对自身的获得感持积极态度，18.23%的学生的获得感亟待提升。

（三）移动学习素养

民办高校学生移动学习素养分为态度意识、使用能力、学习效果 3 个维度。民办高校学生样本中态度意识均值最高，达到 3.599；学习效果均值为 3.518；使用能力均值最低，为 3.493。49.34%的民办高校学生对自身移动学习素养持积极态度，仍有 50.65%的民办高校学生认为自身移动学习素养有待提高。

（四）健康素养

民办中小学学生健康素养分为健康知识、健康技能、健康行为 3 个维度。在民办中小学学生样本中，健康知识均值较高，达到 4.200；健康技能均值为 4.159；健康行为均值最低，为 4.097。82.78%的民办中小学学生对自身健康素养持积极态度。

目 录

前言
第一部分　中国民办教育年度发展总报告　　1
　第一章　研究技术报告　　3
　　一、研究背景　　3
　　二、研究目标　　4
　　三、研究方法　　5
　　四、研究对象　　5
　　五、研究工具　　8
　第二章　民办高校师生发展报告　　11
　　一、民办高校教师发展基本情况　　11
　　二、民办高校学生发展基本情况　　15
　第三章　民办中小学师生发展报告　　19
　　一、民办中小学教师发展基本情况　　19
　　二、民办中小学学生发展基本情况　　23
第二部分　民办学校教师发展报告　　27
　第四章　师德师风　　29
　　一、研究综述　　29
　　二、数据分析　　31
　第五章　职业情感　　51

			一、研究综述	52
			二、民办高校教师职业情感	53
			三、民办中小学校教师职业情感	64
	第六章	教学效能感		75
			一、研究综述	76
			二、民办高校教师教学效能感	77
			三、民办中小学教师教学效能感	87

第三部分　民办学校学生发展报告　101

	第七章	职业生涯素养		103
			一、研究综述	104
			二、民办高校学生职业生涯素养	106
			三、民办中小学学生职业生涯素养	123
	第八章	获得感		135
			一、研究综述	135
			二、数据分析	136
	第九章	移动学习素养		147
			一、研究综述	147
			二、数据分析	149

参考文献　161

附录　民办教育研究文献述评　167

一、民办教育改革开放四十年经验研究　167

二、民办教育改革瓶颈和发展战略研究　168

三、民办教育分类管理与外部规范研究　169

四、民办学校办学体制和内部治理研究　170

五、两类学校共同而有区别的扶持研究　171

六、师资队伍建设和教师权益保障研究　172

七、创新人才培养和学生权益保障研究　173

后记　175

第一部分

中国民办教育年度发展总报告

第一章 研究技术报告

> **内容提要**
> 本章分析了我国民办教育发展的时代背景,提出了民办学校师生发展报告的研究目标,明确了研究群体的样本及范围,简要介绍了测量工具的编制和施测全过程。

一、研究背景

《2020年政府工作报告》强调支持和规范民办教育,推动教育公平发展和质量提升。[①] 随着物质经济和精神文明的发展,2019年我国人均GDP达到70 892元[②],突破1万美元,进入后人均1万美元时代;高等教育毛入学率达到51.60%[③],正式迈入普及化阶段。在高质量发展的新时期,人们对美好生活的需要不断增长的同时,对美好教育的诉求日益迫切,在此背景下,民办教育的发展更加注重学校内部治理改革,持续推进治理现代化;逐渐提升教师队伍质量,培养高素质专业化教师队伍;不断提高人才培养质量,提供更具特色、更公平的优质教育。

经过40多年的发展,民办教育已经成为我国教育的重要增长点,发挥着愈加重要的作用,显示出愈加明显的后发优势。在教育规模方面,民办学校是教育的重要组成部分。2019年,全国民办学校达19.15万所,比上年增长6.03%,占全国学校数的36.12%;民办学校在校学生5616.61万人,比上年增长4.43%,占全国在校生数的19.92%;[④] 民办学校专任教师351.92万人,比上年增长16.58%,占全国专任教师数的20.32%。[⑤] 在教育质量方面,为满足人们对教育多样化、选择多元化的需求,民办学校进入质量提升的关键阶段,发展

[①] 2020年政府工作报告[Z/OL].(2020-05-22).http://www.gov.cn/zhuanti/2020lhzfgzbg/.
[②] 中华人民共和国2019年国民经济和社会发展统计公报[Z/OL].(2020-02-28).http://www.stats.gov.cn/tjsj/zxfb/202002/t20200228_1728913.html.
[③] 2019年全国教育事业发展统计公报[Z/OL].(2020-05-20).http://www.moe.gov.cn/jyb_sjzl/sjzl_fztjgb/202005/t20200520_456751.html.
[④] 2019年全国教育事业发展统计公报[Z/OL].(2020-05-20).http://www.moe.gov.cn/jyb_sjzl/sjzl_fztjgb/202005/t20200520_456751.html.
[⑤] 各级各类民办学校校数、教职工、专任教师情况[DB/OL].(2020-06-11).http://www.moe.gov.cn/s78/A03/moe_560/jytjsj_2019/qg/202006/t20200611_464802.html.

道路逐步由补充性教育转向选择性教育，公办、民办学校并举的教育一体化格局逐渐形成。

统筹推进内部治理改革，系统完善学校管理体系，是完成现代民办学校制度改革和创新的关键任务。一方面，尽快按照分类管理两种组织属性完成登记。自《中华人民共和国民办教育促进法》修订并明确民办教育分类管理以来，《民办学校分类登记实施细则》等相关配套文件相继发布，为进一步完善民办教育的可持续健康发展提供了顶层设计支持；《民办教育促进法实施条例（修订）》亦被列入《国务院2020年立法工作计划》。民办学校宜抓住机遇，大胆作为，勇于选择，积极探索和创新内部治理模式。另一方面，主动对接国家重大发展战略。《教育部办公厅关于进一步组织动员民办教育机构积极参与教育脱贫攻坚战的通知》肯定了民办教育机构是国家教育扶贫的重要力量。民办学校宜积极投身教育脱贫攻坚事业，为提供人民满意的教育、全面建成小康社会做更大的贡献。

师生发展是民办教育发展的核心目标和内涵要求，是民办学校发展的本质。教师队伍建设是民办学校教育质量的保障，以教师发展为前提，可保障民办学校切实提升办学质量。人才培养质量是民办学校教育质量的根本，以学生发展为目标，可助力民办学校社会声誉的提高。逐渐促进民办学校师生素养提升，持续改善民办学校教师教学工作生态，重视优化民办学校学生学习生活环境，关注师生情绪情感状况，不断提高民办学校师生效能感及获得感，这不仅有利于民办学校实现内涵式发展，更有利于民办学校形成竞争性优势。

在民办公办一体化新局势和内涵式发展新要求下，民办教育需集聚多方合力，健全现代化民办教育体系，激发治理改革创新，提升教师队伍建设，提高人才培养质量。《中国民办教育发展报告》聚焦民办学校师生发展，连续出版八年来，每年对全国范围民办学校师生发展状况进行调查，已形成中国民办教育师生发展数据库。《中国民办教育发展报告2019》（以下简称《报告》）在民办公办一体化和分类管理改革背景下，以北京师范大学民办教育研究院师生发展数据库为基础，全面探讨民办学校师生发展水平及提高对策。

二、研 究 目 标

《报告》采用北京师范大学中国民办教育研究院科研团队自主研发的民办教育师生发展量表，通过量化统计分析与可视化技术，呈现当前我国民办学校师生发展的热点和难点问题。研究成果可供各级教育行政部门、各类民办学校、民办教育领域研究人员及广大民办学校师生参考使用。调查旨在：

1）编制民办学校师生发展量表并建立数据库；
2）调查并掌握民办学校师生发展现状及差异；
3）引起学界对民办学校师生发展状况的重视；
4）为各部门做出民办学校师生发展决策提供参考；
5）有针对性地改善和促进民办学校师生发展。

三、研究方法

（一）数据采集方法

《报告》综合使用量化研究与质性研究相结合的方法，采用问卷调查方式得到符合统计要求的较为可靠的数据资料；并采用半结构化访谈方式，通过实地师生座谈、教师访谈等形式得到较为可靠的质性资料。在问卷调查和访谈过程中，我们得到各地区协调人员的大力支持，由其负责督促和监管工作。为保证所收集数据真实有效，在委托前，课题组向相关负责人详细介绍了此次调查的目的、操作方法和注意事项。调查过程中我们得到各校师生的大力配合，一并感谢。

（二）数据分析方法

研究团队对所收集问卷数据进行统计学意义上的清洗和筛查，仅保留有效问卷，继而借助 SPSS、AMOS 等软件对有效问卷数据进行多元统计分析。分析结果旨在呈现各群体发展的基本情况，侧重各群体发展的差异性比较。报告以图、表相结合的形式呈现问卷信效度水平和数据分析结果，同时重视差异量之间的显著性检验。

（三）撰写特点

《报告》撰写以客观反映民办学校师生发展现状、尊重数据结果为原则，重在表述结果，不加以主观判断。行文风格以简洁、明了、准确为导向，突出可视化图、表的直观呈现。

四、研究对象

《报告》的研究对象是民办学校的教师和学生。此次调查覆盖了东、中、西部三个地区的代表省市，教师样本来自不同地区、办学类型/层次、学科布局特点等特征的民办学校，呈现了不同性别、教龄、职称等背景差异。对于学生样本，同样来自不同地区、学校类型、办学层次的民办学校的学生，呈现了性别、年级、父母学历和家庭收入等背景差异。

《报告》主要调查了 12 个省（自治区、直辖市）共 306 所民办学校的师生群体。在有效样本量中，教师样本数为 10 464，其中民办中小学教师 7856 人，民办高校教师 2608 人；学生样本数为 121 266，其中民办中小学学生 58 397 人，民办高校学生 62 869 人（表 1-1）。

表 1-1 民办学校师生样本情况

学段	教师		学生	
	样本数/人	百分比/%	样本数/人	百分比/%
民办中小学	7 856	75.08	58 397	48.16
民办高校	2 608	24.92	62 869	51.84
合计	10 464	100	121 266	100

（一）民办中小学师生样本情况

回收民办中小学教师问卷 7913 份，其中有效问卷 7856 份，有效率为 99.28%；回收民办中小学学生问卷 58 568 份，其中有效问卷为 58 397 份，有效率为 99.71%。

1. 民办中小学教师样本分布情况

从地区分布看，东部地区教师为 2520 人（占比 32.08%），中部地区教师为 819 人（占比 10.43%），西部地区教师为 4517 人（占比 57.50%）。[①]

从办学类型看，小学教师为 2624 人（占比 33.40%），初中教师为 3039 人（占比 38.68%），高中教师为 2193 人（占比 27.91%）。

从性别看，男教师为 3124 人（占比 39.77%），女教师为 4732 人（占比 60.23%）。

从职称看，无职称教师为 3673 人（占比 46.75%），小教三级教师为 88 人（占比 1.12%），小教二级教师为 657 人（占比 8.36%），小教一级教师为 416 人（占比 5.30%），小教高级教师为 296 人（占比 3.77%），中教三级教师为 230 人（占比 2.93%），中教二级教师为 1087 人（占比 13.84%），中教一级教师为 923 人（占比 11.75%），中教高级教师为 486 人（占比 6.19%）。

2. 民办中小学学生样本分布情况

从性别看，男生为 33 954 人（占比 58.14%），女生为 24 443 人（占比 41.86%）。

从住校情况看，住校学生为 35 838 人（占比 61.37%），不住校学生为 22 559 人（占比 38.63%）。

从独生子女情况看，独生子女学生为 16 989 人（占比 29.10%），非独生子女学生为 41 408 人（占比 70.91%）。

从父母最高学历看，父母最高学历为初中及以下的学生共 32 743 人（占比 56.07%），父母最高学历为高中的学生共 10 735 人（占比 18.38%），父母最高学历为专科或本科的学生共 11 943 人（占比 20.45%），父母最高学历为研究生的学生共 2976 人（占比 5.10%）。

从家庭经济条件看，家庭经济条件非常困难的人数为 5167（占比 8.85%），家庭经济比

[①] 因四舍五入，本书中部分数据之和不是 100%，下同。

较困难的人数为 13 953（占比 23.89%），家庭经济条件中等的人数为 33 344（占比 57.10%），家庭经济条件比较富裕的人数为 3077（占比 5.27%），家庭经济条件很富裕的人数为 537（占比 0.92%），不清楚家庭经济条件的人数为 2319（占比 3.97%）。

（二）民办高校师生样本情况

回收民办高校教师问卷 2620 份，其中有效问卷 2608 份，有效率为 99.54%；回收民办高校学生问卷 63 199 份，其中有效问卷 62 869 份，有效率为 99.48%。

1. 民办高校教师样本情况

从地区分布看，东部地区教师为 1535 人（占比 58.86%），中部地区教师为 199 人（占比 7.63%），西部地区教师为 874 人（33.51%）。

从办学主体看，企业/集团办学教师为 1574 人（占比 60.35%），个人办学教师为 368 人（占比 14.11%），混合主体办学教师为 614 人（占比 23.54%），捐资办学教师为 52 人（占比 1.99%）。

从最高办学层次看，专科层次教师为 1445 人（占比 55.41%），本科层次教师为 1118 人（占比 42.87%），研究生层次教师为 45 人（占比 1.73%）。

从性别看，男教师为 1034 人（占比 39.65%），女教师为 1574 人（占比 60.35%）。

从职称看，无职称教师为 620 人（占比 23.77%），初级职称教师为 710 人（占比 27.22%），中级职称教师为 951 人（占比 36.46%），副高级职称教师为 267 人（占比 10.24%），正高级职称教师为 60 人（占比 2.30%）。

2. 民办高校学生样本分布情况

从性别看，男生为 27 118 人（占比 43.13%），女生为 35 751 人（占比 56.87%）。

从学校层次看，专科层次的学生为 18 452 人（占比 29.35%），本科层次的学生为 44 183 人（占比 70.28%），研究生层次的学生为 234 人（占比 0.37%）。

从学校类型看，就读独立学院的学生为 37 012 人（占比 58.87%），就读普通民办院校的学生为 25 857 人（占比 41.13%）。

从独生子女情况看，独生子女学生为 24 693 人（占比 39.28%），非独生子女学生为 38 176 人（占比 60.72%）。

从年级看，大一学生为 28 563 人（占比 45.43%），大二学生为 20 216 人（占比 32.16%），大三学生为 11 744 人（占比 18.68%），大四学生为 2046 人（占比 3.25%），大五学生为 184 人（占比 0.29%），研究生为 116 人（占比 0.18%）。

从父母最高学历看，父母最高学历初中及以下的学生为 35 376 人（占比 56.27%），父母最高学历高中的学生为 15 162 人（占比 24.12%），父母最高学历专科或本科的学生为

11 451 人（占比 18.21%），父母最高学历研究生的学生为 880 人（占比 1.40%）。

五、研究工具

《报告》所用调查问卷由北京师范大学民办教育科研团队编制，以国内外相关研究的经典理论、已有问卷为依据，遵循问卷设计的原则与方法，信度分析结果表明所编制的测量工具较为可靠。

（一）民办高校测量工具结构及信度

1. 民办高校教师测量工具结构及信度

民办高校教师测量工具包括 4 个问卷：师德师风问卷、职业情感问卷、教学效能感问卷、工作压力问卷。

民办高校教师的师德师风问卷、职业情感问卷、教学效能感问卷、工作压力问卷的 α 系数较高，各问卷的 α 系数均高于 0.950，且各子维度 α 系数均高于 0.820（表 1-2），信度系数符合统计标准，达到团体施测要求。

表 1-2 民办高校教师问卷信度

测量指标	子维度	子维度 α 系数	问卷 α 系数
师德师风	政治方向	0.954	0.987
	爱国守法	0.944	
	传播文化	0.936	
	教书育人	0.945	
	言行雅正	0.950	
	公平诚信	0.960	
	廉洁自律	0.959	
职业情感	职业认同	0.821	0.966
	职业理想	0.926	
	职业情怀	0.939	
	自我提升	0.955	
教学效能感	教学策略	0.942	0.976
	课堂管理	0.952	
	学生投入	0.950	
工作压力	工作保障	0.867	0.959
	教学保障	0.829	
	人际关系	0.899	
	工作负荷	0.928	
	工作乐趣	0.956	

2. 民办高校学生测量工具结构及信度

民办高校学生测量工具包括 3 个问卷：职业生涯素养问卷、获得感问卷、移动学习素养问卷。

民办高校学生职业生涯素养问卷、获得感问卷、移动学习素养问卷的 α 系数较高，各问卷的 α 系数均高于 0.960，且各子维度的 α 系数均高于 0.870（表 1-3），信度系数达到统计标准，可进行团体施测。

表 1-3　民办高校学生问卷信度

测量指标	子维度	子维度 α 系数	问卷 α 系数
职业生涯素养	生涯关注	0.921	0.983
	生涯控制	0.942	
	生涯好奇	0.940	
	生涯自信	0.939	
	生涯调适	0.938	
获得感	参与感	0.872	0.961
	认同感	0.934	
	成就感	0.921	
	幸福感	0.917	
移动学习素养	态度意识	0.944	0.968
	使用能力	0.912	
	学习效果	0.952	

（二）民办中小学测量工具结构及信度

1. 民办中小学教师测量工具结构及信度

民办中小学教师测量工具包括 4 个问卷：师德师风问卷、职业情感问卷、教学效能感问卷、工作投入问卷。

民办中小学教师师德师风问卷、职业情感问卷、教学效能感问卷、工作投入问卷的 α 系数较高（表 1-4），各问卷的 α 系数均高于 0.960，且各子维度的 α 系数均高于 0.850，信度系数达到统计标准，可进行团体施测。

表 1-4　民办中小学教师问卷信度

测量指标	子维度	子维度 α 系数	量表 α 系数
师德师风	政治方向	0.934	0.986
	爱国守法	0.935	
	传播文化	0.920	
	教书育人	0.934	
	言行雅正	0.942	

续表

测量指标	子维度	子维度α系数	量表α系数
师德师风	公平诚信	0.935	0.986
	廉洁自律	0.933	
职业情感	职业认同	0.852	0.962
	职业理想	0.892	
	职业情怀	0.923	
	自我提升	0.936	
教学效能感	教学策略	0.942	0.978
	课堂管理	0.951	
	学生投入	0.954	
工作投入	工作投入能力	0.952	0.972
	工作投入状态	0.923	
	工作投入效果	0.934	

2. 民办中小学学生测量工具结构及信度

民办中小学学生测量工具包括 3 个问卷：职业生涯素养问卷、获得感问卷、健康素养问卷。

民办中小学学生职业生涯素养问卷、获得感问卷、健康素养问卷的 α 系数较高，各问卷的 α 系数均高于 0.940，且各子维度的 α 系数均高于 0.830（表 1-5），信度系数达到统计标准，可进行团体施测。

表 1-5　民办中小学学生问卷信度

测量指标	子维度	子维度α系数	问卷α系数
职业生涯素养	生涯关注	0.913	0.975
	生涯控制	0.903	
	生涯好奇	0.896	
	生涯自信	0.915	
	生涯调适	0.938	
获得感	参与感	0.907	0.967
	认同感	0.939	
	成就感	0.920	
	幸福感	0.917	
健康素养	健康知识	0.839	0.944
	健康技能	0.895	
	健康行为	0.868	

第二章　民办高校师生发展报告

> **内 容 提 要**
> 本章调查了我国东部、中部、西部民办高校师生发展的基本情况，运用数据和图形展示了民办高校教师师德师风、职业情感、教学效能感和工作压力，以及民办高校学生在职业生涯素养、获得感和移动学习素养等方面的发展情况。

一、民办高校教师发展基本情况

民办高校教师发展基本状况报告分为 4 个部分，分别是师德师风、职业情感、教学效能感和工作压力。样本民办高校教师的师德师风均值为 4.251，在各指标中均值最高；教学效能感均值为 4.109；职业情感均值为 4.090；工作压力均值为 2.855，在各指标中均值最低。

（一）师德师风

1. 总体情况

民办高校教师师德师风整体状况较好，87.66%的民办高校教师对自身师德师风持积极态度，11.48%的教师持中立态度，持消极态度的仅占 0.87%。师德师风指标分为政治方向、爱国守法、文化传播、教书育人、言行雅正、公平诚信、廉洁自律 7 个维度。全国民办高校教师师德师风的得分均值为 4.251，在 4 个指标中位居首位。

2. 维度比较

在政治方向、爱国守法、文化传播、教书育人、言行雅正、公平诚信、廉洁自律 7 个维度中，爱国守法和政治方面均值最高，达到 4.330；公平诚信均值最低，为 4.178（图 2-1）。

从调研结果看，全国民办高校教师师德师风均值在 4 个指标中位居首位，表明全国民办高校教师师德师风整体水平较高，尤其是政治方向、爱国守法子维度均值较高。但教师公平诚信均值在各维度中最低，表明民办高校教师在公平正义和诚信建设方面尚有提升空间。

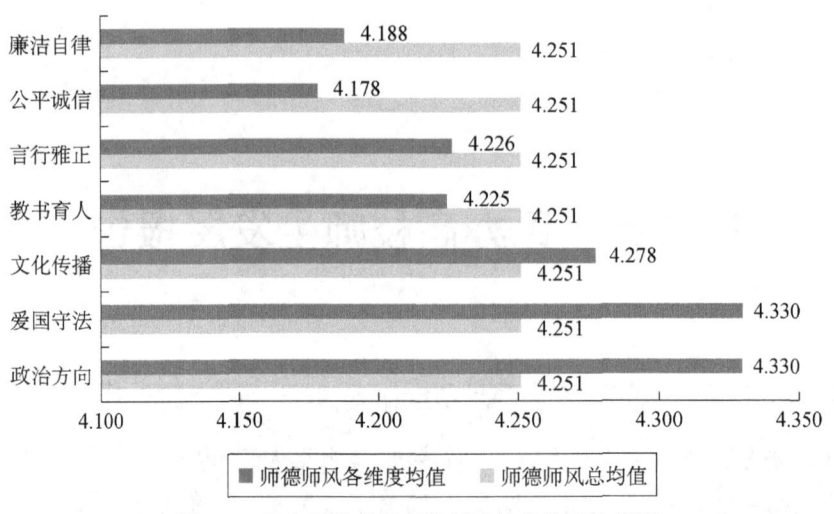

图 2-1 民办高校教师师德师风及各维度均值图

（二）职业情感

1. 总体情况

民办高校教师职业情感整体水平较高，80.85%的民办高校教师对自身的职业情感持积极态度，15.60%持中立态度，仅有 3.55%持消极态度。职业情感测量指标分为职业认同、职业理想、职业情怀和自我提升 4 个维度。全国民办高校教师职业情感的得分均值为 4.090，在 4 个指标位列第 3。

2. 维度比较

在职业认同、职业理想、职业情怀和自我提升 4 个维度中，自我提升维度均值最高，达到 4.228；职业认同维度均值最低，为 3.864（图 2-2）。

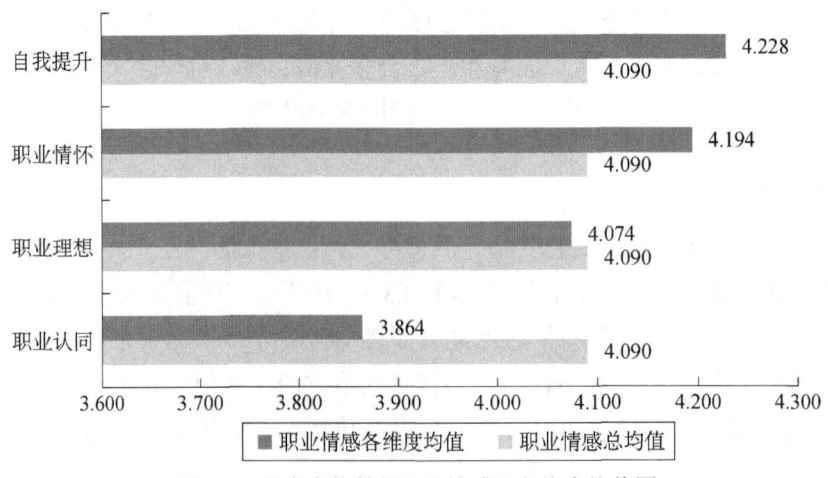

图 2-2 民办高校教师职业情感及各维度均值图

从调研结果看，全国民办高校教师职业情感均值在 4 个指标中位居第 3 位，表明全国民办高校教师职业情感整体水平一般。教师自我提升均值在各维度中最高，表明民办高校教师自我提升的意愿强烈；但职业认同均值在各维度中最低，表明民办高校教师对其身份的认同度不高，应引起重视。

（三）教学效能感

1. 总体情况

民办高校教师教学效能感整体状况良好，86.68%的民办高校教师对自身的效能感持积极态度，12.43%持中立态度，仅 0.89%持消极态度。教学效能感测量指标分为教学策略、课堂管理和学生投入 3 个维度。全国样本高校教师教学效能感的得分均值为 4.109，在 4 个指标中位居第 2。

2. 维度比较

在教学策略、课堂管理和学生投入 3 个维度中，教师课堂管理效能感均值最高，达到 4.147；学生投入效能感均值最低，为 4.050；教学策略效能感居中，为 4.130（图 2-3）。

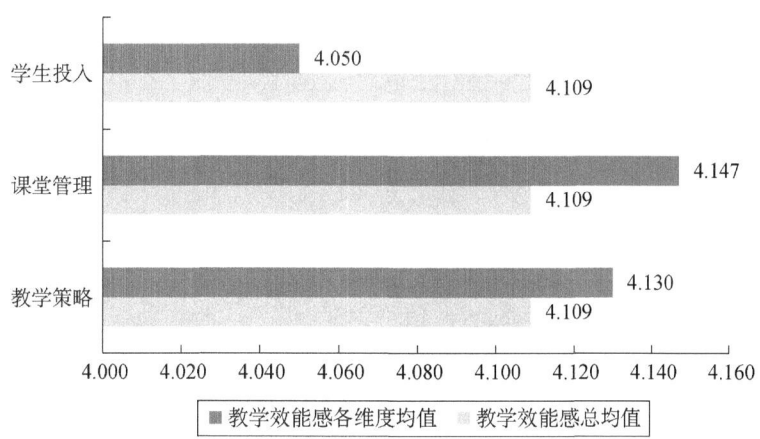

图 2-3 民办高校教师教学效能感及各维度均值图

从调研结果看，全国民办高校教师教学效能感均值在 4 个指标中位居第 2，表明全国民办高校教师教学效能感整体水平较高。但学生投入子维度均值较低，表明民办高校教师在学生投入效能感方面仍有提升空间。

（四）工作压力

1. 总体情况

民办高校教师工作压力整体水平不高，41.13%的民办高校教师工作压力较小，28.10%

的工作压力一般,仍有 30.78%的教师工作压力较大。工作压力测量指标分为工作保障、工作负荷、教学保障、人际关系、工作乐趣 5 个维度。全国民办高校教师工作压力的得分均值为 2.855,在 4 个指标中居末位。

2. 维度比较

在工作乐趣、工作负荷、人际关系、教学保障、工作保障 5 个维度中,工作保障压力均值较高,达到 3.305;工作乐趣压力均值较低,为 2.575(图 2-4)。

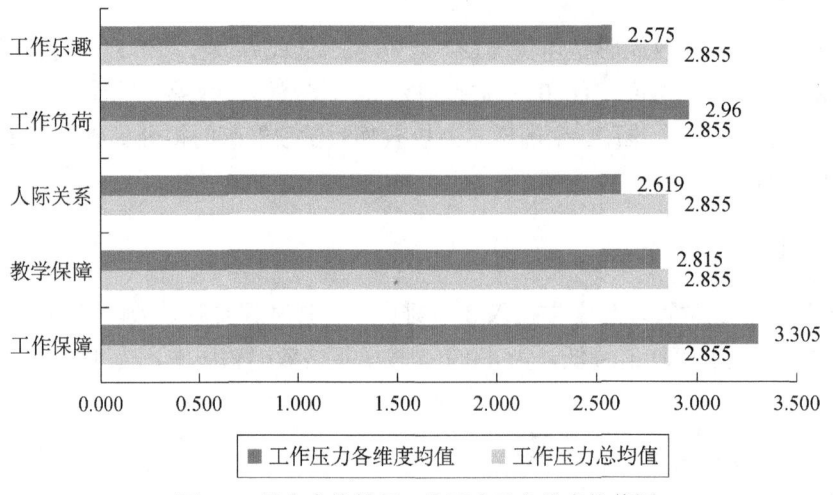

图 2-4 民办高校教师工作压力及各维度均值图

从调研结果看,全国民办高校教师工作压力在 4 个指标中均值最低,表明全国民办高校教师工作压力整体水平不高。教师工作乐趣压力维度均值在各维度中最低,表明民办高校教师能从工作中获得乐趣;但工作保障压力维度均值在各维度中最高,表明民办高校在教师工作保障与待遇方面提升空间较大,值得关注。

(五)小结

总体上,全国民办高校教师发展状况良好。师德师风、教学效能感等均值较高,情况较好,但在以下方面仍有提升空间。

1)民办高校教师师德师风仍有提升空间。建议民办高校不忘初心、牢记使命,以立德树人为根本任务,凝聚师德师风建设共识,提高师德师风建设专业化水平,努力建立健康的师生关系。应鼓励教师面向社会服务,全面提升师德师风水平。

2)民办高校教师的职业认同水平程度有待提高。建议民办高校高度重视教师第一资源对学校发展的重要战略意义,加强教师队伍建设,提高民办高校教师地位、薪酬待遇和改善各项福利保障,关注教师个体发展,增强教师职业认同感,均衡改善教师职业情感。

3)民办高校教师学生投入效能感仍有提升空间。建议民办高校通过加强专业发展支持力度、促进教师交流与合作、健全教师评价反馈系统等有效措施增强教师的教学信心，协助教师及时对自身教学行为进行反省，鼓励教师加强师生沟通，适当因材施教，并开展针对性指导，稳步提升教师教学效能感。

4）民办高校教师工作压力整体不高，仍有改善空间。建议民办高校通过开展心理干预、完善教师分类评价制度等，稳定教师的积极心理状态，密切关注教师的工作情绪与状态，增强教师的自我调节能力，提高教师心理健康水平。

二、民办高校学生发展基本情况

民办高校学生发展基本状况报告共分为 3 个部分，分别是职业生涯素养、获得感和移动学习素养。样本高校学生职业生涯素养得分均值为 3.748，在各指标中均值最高；获得感均值为 3.543；移动学习素养均值最低，为 3.537。

（一）职业生涯素养

1. 总体情况

民办高校学生职业生涯素养整体状况较好，63.58%的民办高校学生对其职业生涯素养持积极态度，33.83%持中立态度，仅 2.60%持消极态度。职业生涯素养测量指标分为生涯关注、生涯控制、生涯好奇、生涯自信和生涯调适 5 个维度。全国样本高校学生职业生涯素养得分均值为 3.748，在 3 个指标中居首位。

2. 维度比较

在生涯关注、生涯控制、生涯好奇、生涯自信和生涯调适 5 个维度中，生涯控制均值较高，达到 3.769；生涯自信均值较低，为 3.710（图 2-5）。

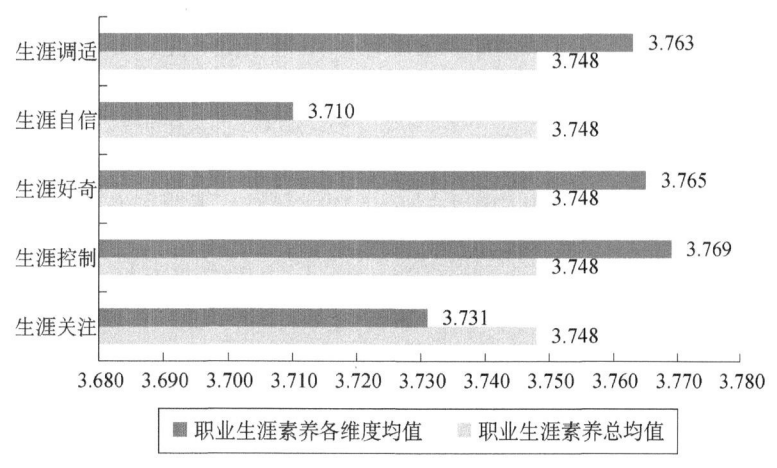

图 2-5 民办高校学生职业生涯素养及各维度均值图

从调研结果看，全国民办高校学生职业生涯素养均值位居 3 个指标之首，表明全国民办高校学生职业生涯素养整体水平较高。但生涯自信维度均值稍低，表明民办高校学生对自身职业生涯规划能力的自信程度有待增强。

（二）获得感

1. 总体情况

民办高校学生获得感整体状况一般，51.45%的民办高校学生对自己的获得感持积极态度，40.83%持中立态度，仅 7.72%持消极态度。获得感测量指标分为参与感、认同感、成就感和幸福感 4 个维度。全国样本高校学生获得感的得分均值为 3.543，在 3 个指标中居第 2 位。

2. 维度比较

在参与感、认同感、成就感和幸福感 4 个维度中，成就感均值最高，达到 3.696；参与感均值最低，为 3.367（图 2-6）。

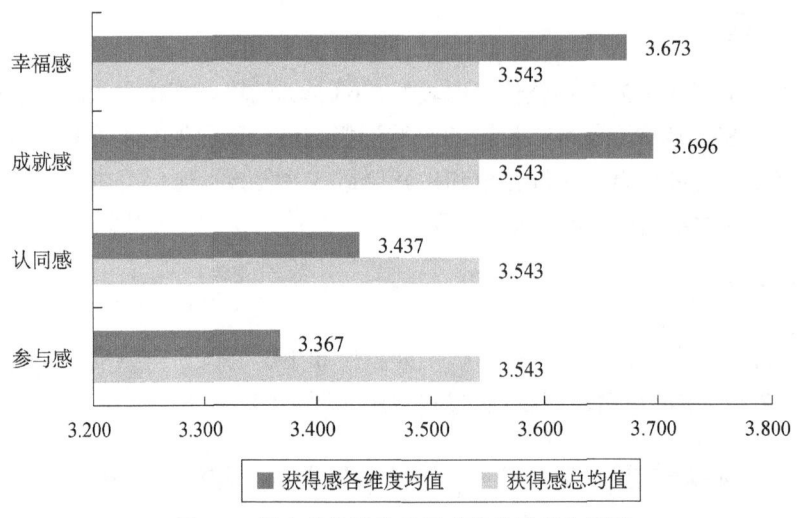

图 2-6　民办高校学生获得感及各维度均值图

从调研结果看，全国民办高校学生获得感均值在 3 个指标中居第 2 位，表明全国民办高校学生获得感整体水平一般。其中参与感维度均值稍低，表明民办高校学生参与学校事务的机会有待增加。

（三）移动学习素养

1. 总体情况

民办高校学生移动学习素养整体不高，49.34%的民办高校学生对自身移动学习素养持积极态度，45.35%持中立态度，仅 5.30%持消极态度。移动学习素养测量指标分为态度意识、使用能力和学习效果 3 个维度。全国样本高校学生自主学习能力得分均值为 3.537，在 3 个指标中居第 3 位。

2. 维度比较

在态度意识、使用能力和学习效果 3 个维度中，态度意识均值较高，达到 3.599；使用能力均值较低，为 3.493（图 2-7）。

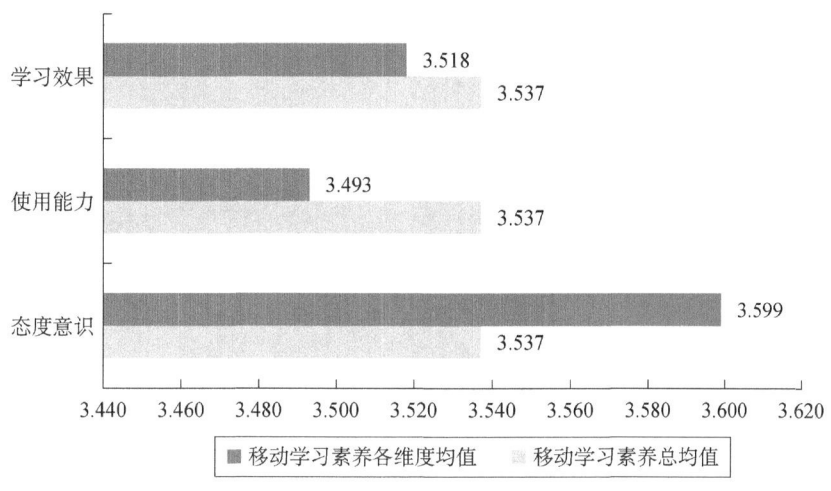

图 2-7 民办高校学生移动学习素养及各维度均值图

从调研结果看，全国民办高校学生移动学习素养在 3 个指标中居第 3 位，表明全国民办高校学生移动学习素养整体水平不高。态度意识子维度均值较高，表明民办高校学生对移动学习及其重要性的认识水平较高；但使用能力子维度均值稍低，表明民办高校学生借助移动设备进行移动学习的能力有待增强。

（四）小结

总体上，全国民办高校学生发展状况良好。职业生涯素养和获得感均值较高，情况较好，但在以下几个方面还有提升空间。

1）民办高校学生生涯规划的自信程度有待增强。建议民办高校强调职业生涯规划素养在促进学生就业、提高就业质量等方面的重要作用，依托职业生涯课程，通过加强职业生涯教育、安排系统性生涯活动、整合校内外生涯教育资源、制定科学有效的评估制度等措施切实提高学生职业生涯素养，增强职业生涯规划能力。

2）民办高校学生参与学校事务的机会有待增加。建议民办高校重视学生参与学校公共事务等活动对发展学生获得感的作用，赋予学生参与学校决策与管理等方面事务的权利和机会，坚持以学生为中心，保障全体学生共建共享，搭建可供学生群策群力服务学校发展的平台。

3）民办高校学生开展移动学习的能力有待加强。建议民办高校高度重视知识经济时代移动学习素养对学生学习的辅助作用，推广移动设备的学术应用，加强移动学习素养教育，帮助民办高校学生提升移动学习素养，助力移动学习。

第三章　民办中小学师生发展报告

> **内 容 提 要**
> 本章调查了我国东、中、西部地区民办中小学校师生发展基本情况，运用数据和图形展示了教师师德师风、职业情感、教学效能感和工作投入，以及学生职业生涯素养、获得感和健康素养等方面的发展情况。

一、民办中小学教师发展基本情况

民办中小学教师发展基本状况报告共分 4 个部分，分别是师德师风、职业情感、教学效能感和工作投入。样本学校教师师德师风得分均值为 4.293，在各指标中均值最高；教学效能感均值为 4.241；职业情感均值为 4.212；工作投入均值为 4.198，在各指标中均值最低。

（一）师德师风

1. 总体情况

民办中小学教师师德师风整体状况较好，92.20%的民办中小学教师对自身师德师风持积极态度，7.07%持中立态度，仅有 0.73%持消极态度。师德师风测量指标分为政治方向、爱国守法、文化传播、教书育人、言行雅正、公平诚信、廉洁自律 7 个维度。全国样本教师师德师风的得分均值为 4.293，位居 4 个指标之首。

2. 维度比较

在政治方向、爱国守法、文化传播、教书育人、言行雅正、公平诚信、廉洁自律 7 个维度中，政治方向均值最高，达到 4.343；廉洁自律均值最低，为 4.254（图 3-1）。

从调研结果看，全国民办中小学教师师德师风均值位居 4 个指标之首，表明全国民办中小学教师师德师风整体水平较高，尤其是政治方向、爱国守法子维度均值较高。教师廉洁自律均值在各维度中最低，表明民办高校教师在行为自律的方面仍有提升空间。

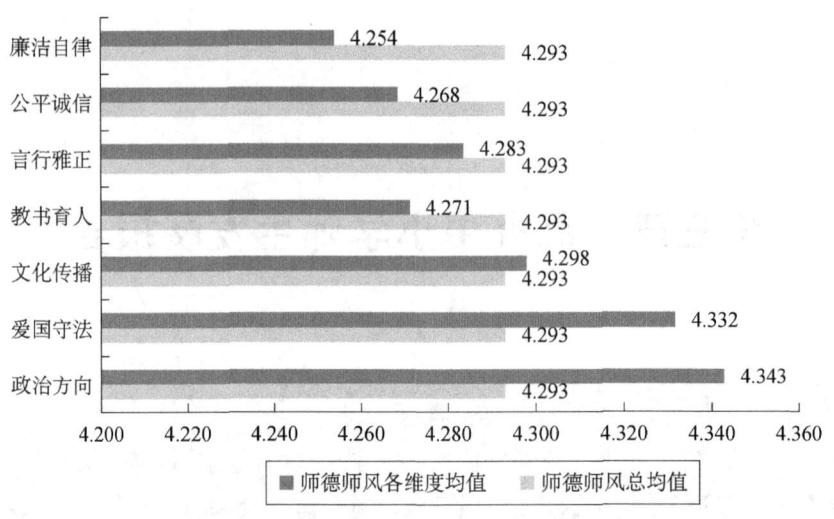

图 3-1 民办中小学教师师德师风及各维度均值图

（二）职业情感

1. 总体情况

民办中小学教师职业情感能力整体水平较高，88.42%的中小学教师对自身的职业情感持积极态度，9.46%的教师自我感知职业情感水平一般，仅有2.12%的教师对职业情感持消极态度。职业情感测量指标分为职业认同、职业理想、职业情怀和自我提升4个维度。全国样本教师职业情感得分均值为4.212，在4个指标中居第3位。

2. 维度比较

在职业认同、职业理想、职业情怀和自我提升4个维度中，教师自我提升维度均值最高，为4.330；职业认同维度均值最低，为4.064（图3-2）。

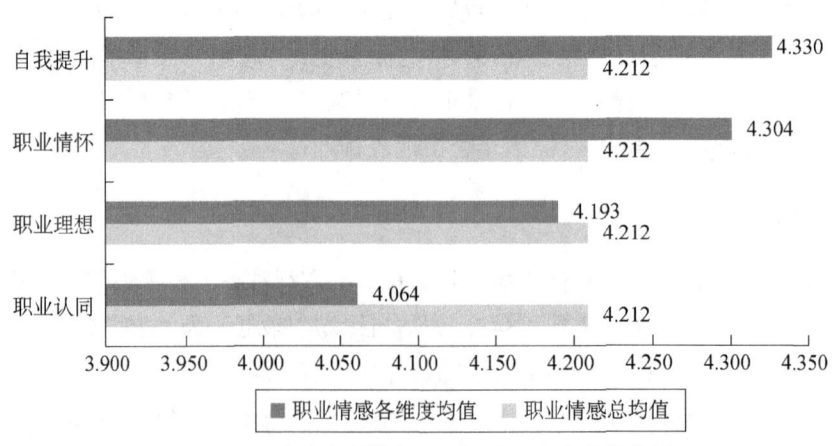

图 3-2 民办中小学教师职业情感及各维度均值图

从调研结果看，全国民办中小学教师职业情感均值在 4 个指标中居第 3 位，表明全国民办中小学教师职业情感整体水平一般。教师职业认同均值在各维度中最低，表明民办中小学教师对于自身职业的社会价值及重要性的认同程度不高。

（三）教学效能感

1. 总体情况

民办中小学教师教学效能感整体状况很好，93.17%的民办中小学教师对自身效能感持积极态度，6.13%持中立态度，仅 0.70%持消极态度。教学效能感测量指标分为教学策略、课堂管理和学生投入 3 个维度。全国样本教师教学效能感的得分均值为 4.241，在 4 个指标中居第 2 位。

2. 维度比较

在教学策略、课堂管理和学生投入 3 个维度中，教师课堂管理效能感均值最高，达到 4.270；学生投入效能感均值最低，为 4.216；教学策略效能感居中，为 4.237（图 3-3）。

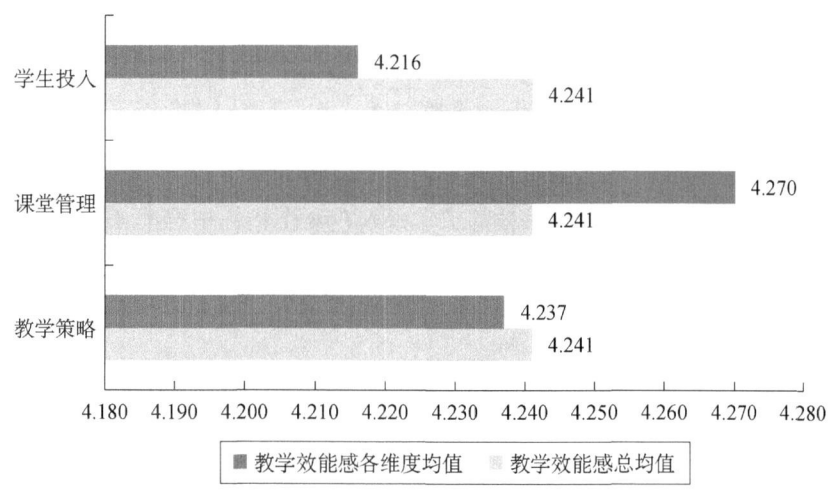

图 3-3 民办中小学教师教学效能感及各维度均值图

从调研结果看，全国民办中小学教师教学效能感均值位居 4 个指标中的第 2 位，表明全国民办中小学教师教学效能感整体水平较高。但学生投入子维度均值较低，表明民办中小学教师在提高学生投入效能感方面仍有较大提升空间。

（四）工作投入

1. 总体情况

民办中小学教师工作投入整体状况一般，90.83%的民办中小学教师对自己工作投入持积极态度，8.05%持中立态度，仅 1.12%持消极态度。工作投入测量指标分为工作投入能力、工作投入状态、工作投入效果 3 个维度。全国样本教师工作投入的得分均值为 4.198，位居 4 个指标之末。

2. 维度比较

在工作投入能力、工作投入状态、工作投入效果 3 个维度中，工作投入能力均值最高，达到 4.215；工作投入状态均值较低，为 4.166（图 3-4）。

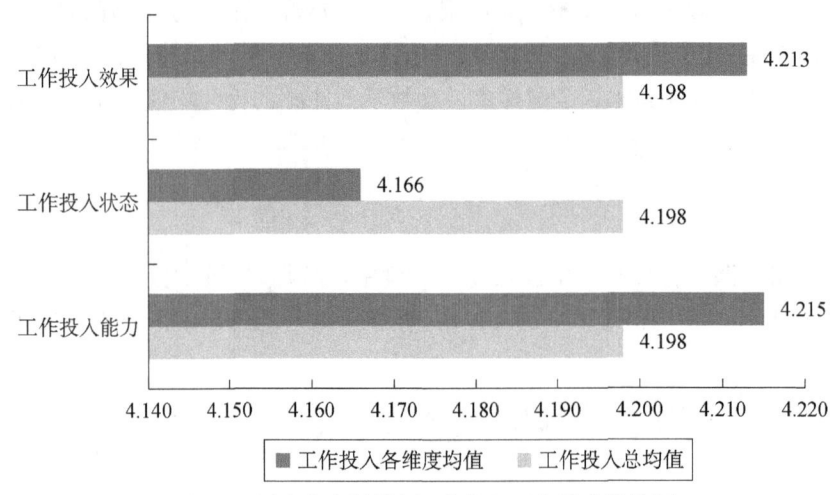

图 3-4　民办中小学教师工作投入及各维度均值图

从调研结果看，全国民办中小学教师工作投入在 4 个指标中居第 4 位，表明全国民办中小学教师工作投入整体水平较低。特别是教师工作投入状态均值在各维度中最低，表明民办中小学教师的工作积极性相对不高，值得关注。

（五）小结

总体上，全国民办中小学教师发展状况良好。师德师风和教师教学效能感均值较高，但在以下几个方面还有提升空间。

1）民办中小学教师师德师风尚有提升空间。建议民办中小学坚持将立德树人作为教书育人根本任务，提升教师队伍政治自律，营造良好的教学工作氛围，提高教师自身专业素养，健全师德师风动态考核机制，全面提升师德师风水平。

2）民办中小学教师职业认同还有提升空间。建议民办中小学高度重视教师主观感受对教师教学的重要影响，深入分析不同类型教师消极职业情感的来源，切实缓解教师的生活压力，改善教师物质待遇，创建良好的职业发展通道，提高教师幸福感、成就感和社会荣誉感，促进教师职业认同等方面的情感发展。

3）民办中小学教师学生投入效能感仍有提升空间。建议民办中小学重视教师的主体性，通过加强教师培训、提供专业发展支持等有效措施增强教师的教学效能感，促进教师对学生的理解，鼓励教师主动自觉的改进教学，稳步提升教师教学效能感。

4）民办中小学教师工作投入状态还有改善空间。建议民办中小学通过优化教师激励机制，营造良好的工作氛围，提供强有力的组织支持等举措为民办中小学教师教学工作营造良好生态，提升教师工作价值感、归属感、积极性，激发工作积极情绪，促使教师稳步提升工作投入。

二、民办中小学学生发展基本情况

民办中小学学生发展基本状况报告共分为 3 个部分，分别是职业生涯素养、获得感和健康素养。样本学校中小学生素养均值为 4.149，在各指标中均值最高；获得感均值为 4.129；职业生涯素养最低，均值为 4.013。

（一）职业生涯素养

1. 总体情况

民办中小学学生职业生涯素养整体水平较低，76.24%的民办中小学学生对自身职业生涯素养持积极态度，19.31%持中立态度，仅 4.46%持消极态度。职业生涯素养测量指标分为生涯关注、生涯控制、生涯好奇、生涯自信和生涯调适 5 个维度。全国样本中小学学生职业生涯素养得分均值为 4.013，在 3 个指标中居第 3 位。

2. 维度比较

在生涯关注、生涯控制、生涯好奇、生涯自信和生涯调适 5 个维度中，生涯调适均值最高，达到 4.089；生涯关注均值最低，为 3.921（图 3-5）。

从调研结果看，全国民办中小学学生职业生涯素养在 3 个指标中居第 3 位，表明全国民办中小学学生职业生涯素养整体水平较低。尤其生涯关注子维度均值稍低，表明民办中小学学生对自己生涯规划的关注度有待增强。

（二）获得感

1. 总体情况

民办中小学学生获得感整体状况很好，81.77%的民办中小学学生对其获得感持积极态度，14.61%持中立态度，仅 3.62%持消极态度。获得感测量指标分为参与感、认同感、成就感和幸福感 4 个维度。全国样本中小学学生获得感的得分均值为 4.129，在 3 个指标中居第 2 位。

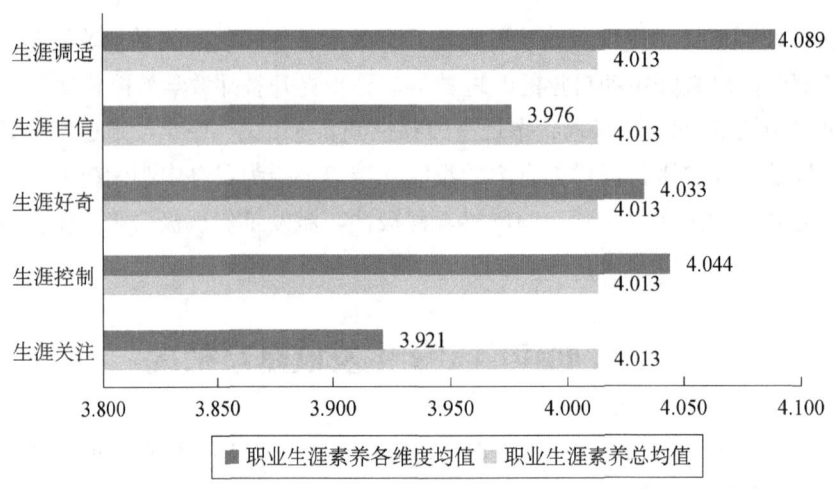

图 3-5　民办中小学学生职业生涯素养及各维度均值图

2. 维度比较

在参与感、认同感、成就感和幸福感 4 个维度中，成就感均值较高，达到 4.223；参与感均值较低，为 4.002（图 3-6）。

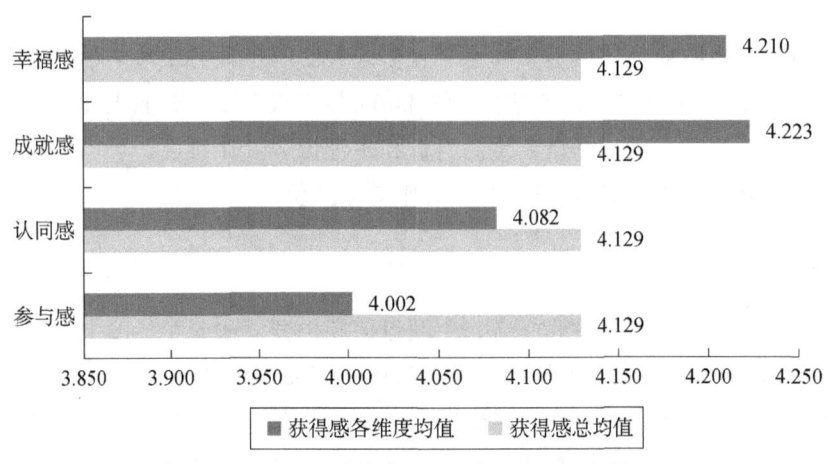

图 3-6　民办中小学学生获得感及各维度均值图

从调研结果看，全国民办中小学学生获得感在 3 个指标中居第 2 位。表明全国民办中小学学生获得感整体水平较高。其中参与感子维度均值稍低，表明民办中小学学生参与学校事务的机会较少，参与体验不佳。

（三）健康素养

1. 总体情况

民办中小学学生健康素养整体状况较好，82.78%的民办中小学学生对自己的健康素养持积极态度，13.90%持中立态度，仅3.33%持消极态度。健康素养测量指标分为健康知识、健康技能和健康行为3个维度。全国样本中小学学生学习能力得分均值为4.149，位居3个指标均值首位。

2. 维度比较

在健康知识、健康技能和健康行为3个维度中，健康知识均值最高，达到4.200；健康行为均值最低，为4.097（图3-7）。

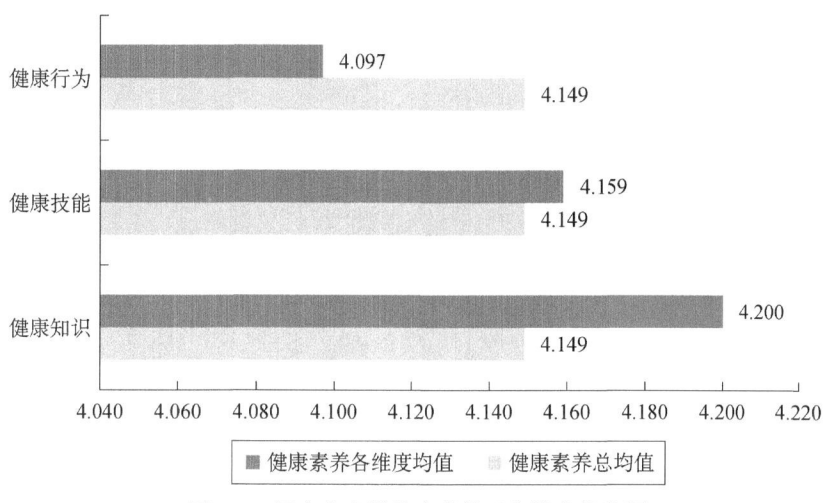

图3-7 民办中小学健康素养及各维度均值图

从调研结果看，全国民办中小学学生健康素养均值位居3个指标之首，表明全国民办中小学学生健康素养整体水平较高。其中，健康行为子维度均值稍低，表明民办中小学学生为维持个人健康或促进健康采取的各种运动和锻炼等行为相对较少。

（四）小结

总体上，全国民办中小学学生发展状况良好。健康素养和获得感均值较高，情况较好，但在以下几个方面还有提升空间。

1）民办中小学学生对生涯规划的关注和重视程度有待提升。建议民办中小学遵循学生个体生涯的发展规律，优化系统性的生涯教育与咨询服务，通过组织适合中小学生的系列生涯主题活动，切实增强学生对生涯规划的关注和重视度，提高中小学生职业生涯素养。

2）民办中小学学生参与学校事务及活动的机会有待增多。建议民办中小学更加重视学生参与民主管理和监督的权益，加强校园文化建设、激发学生内驱力，关注和尊重学生需求，激发学生参与热情，充分挖掘学生潜力，鼓励学生积极参与学校活动，从而增强学生的成就感、归属感、幸福感和获得感。

3）民办中小学学生健康行为水平较低，有待提高。建议民办中小学高度重视身体健康对学生学业和成就的影响，通过增设健康活动项目，积极引导学生参与体育锻炼，帮助青少年学生提高体育锻炼频率，增加锻炼时长，培养良好的健康行为习惯，提升学生健康素养。

第二部分

民办学校教师发展报告

第四章 师德师风

> **内容提要**
>
> 本章调查了我国东部、中部、西部民办学校教师师德师风建设情况，运用数据与图表的形式，展示了民办学校教师在政治方向、爱国守法、文化传播、教书育人、言行雅正、公平诚信、廉洁自律方面的发展情况。

师德师风是教师教书育人职责实现的必备要求与重要保障，关乎党的教育事业发展与教书育人这一根本任务的真正落实。新时期，随着党和国家一系列政策规章的出台，将提升教师思想政治素质和道德水平放在首位已经成为教育发展的新要求。加强教师师德师风建设，有助于教师朝向成为学生成长引路人、自我提升践行者、爱岗敬业的好老师的目标不断前行。

研究发现：

在民办学校教师样本中，91.13%的教师对自己的师德师风建设持积极态度，师德师风建设各维度的均值高低排序为，政治方向>爱国守法>文化传播>言行雅正>教书育人>贡献社会>公平诚信>廉洁自律。来自东部地区、一线城市（北上广深）、办学年限在16年以上学校等背景特征的民办学校教师在师德师风各维度上的均值相对较高。具有全职教师、女性、26~35岁、从教6~10年、硕士学历、承担1门或4门及以上课程、周课时数为10~15学时、单程上班时间在0.5小时以内、家庭年收支较富余等个人背景特征的民办学校教师，在师德师风各维度上的均值相对较高。

一、研 究 综 述

（一）核心概念

师德，是教师在从事教育职业劳动过程中形成的比较稳定的道德观念、道德规范和道德品质；师风是教师在本职工作中所体现的精神风貌、所拥有的气质风度、所表现的行业风气。① 师德师风建设是新时代下办好人民满意的教育的必要措施，是提高教育教学质量的基础工程，更是推进教育事业科学发展、培养高质量人才的根本保证。②

民办教育作为与公办教育享有同等地位的教育类型，民办学校教师师德师风建设是指基于"坚持教书与育人相统一、言传与身教相统一、潜心问道与关注社会相统一、学术自由与学术规范相统一"的重要原则，针对民办学校教师队伍开展思想政治素质、专业化水平及创新能力等综合素质建设活动。③

（二）相关研究

师德师风是社会为保证教育质量在特定阶段对教师队伍提出的道德层面要求。师德师风是教师在教育教学过程中处理与学生、家庭及其他社会个体关系时应表现出来的个人职业道德修养，属于社会伦理道德范畴。④ 社会主义核心价值体系是师德师风建设的核心。师德师风建设不仅是对教师个体行为提出的规范要求，也是全面贯彻党的教育方针、提高教育水平的重要保证。⑤

进入新时代以来，国家高度重视教师队伍质量提升，愈加关注师德师风建设问题。2016年、2017年和2019年，国家先后发布了《关于加强和改进新形势下高校思想政治工作的意见》《中共中央 国务院关于全面深化新时代教师队伍建设改革的意见》《关于加强和改进新时代师德师风建设的意见》等诸多关于新时期教师队伍师德师风建设的指导性意见，师德师风建设成为新时代实现教育现代化、建设教育强国的关键。一系列政策规范和举措为新形势下的师德师风建设指明了发展方向，营造了良好的政策环境，推动我国教师队伍质量不断提升。与此同时，受市场化背景下的价值取向转变、教师队伍建设制度性问题及个人道德素养问题等多重因素的共同影响，近年来教师师德师风建设工作中的问题愈加凸显。⑥

首先，提高师德师风水平尚未完全内化为教师个体的内生意志，而多以外在、强制的他律要求出现，教师本身缺乏对师德师风建设的内生动力。其次，师德师风培养机制仍有较大改善空间，特别是学校教师管理权责不明、管理部门冗杂导致的效率低下与教师自主性缺失等问题。再次，科学的师德师风考核评价体系尚不健全，现有评价体系在管理和考核体制上重科研、轻教学⑦，重结果、轻过程，重业绩、轻育人的导向仍旧存在。⑧ 最后，

---

① 罗大玉. 高校思想政治教育研究[M]. 成都：电子科技大学出版社，2013：87.
② 郑晓东，肖军霞. 新形势下高校师德师风建设的时代价值与实践路径[J]. 思想理论教育导刊，2019（8）：147-151.
③ 中共中央 国务院关于全面深化新时代教师队伍建设改革的意见[EB/OL]. （2018-01-31）[2020-10-11]. http://www.gov.cn/zhengce/2018-01/31/content_5262659.htm.
④ 曹剑. 新时期师德师风建设研究[J]. 教育与职业，2013（32）：71-73.
⑤ 邓如涛. 师德师风建设探析[J]. 中学政治教学参考，2018（30）：95-96.
⑥ 佟书华，郑晗. 新时期加强高校青年教师师德师风建设的思考——以武汉大学为例[J]. 学校党建与思想教育，2013（25）：77-78.
⑦ 吴平，曾德军. 教学视角下的学校师德师风建设探析[J]. 中国大学教学，2019（5）：76-79.
⑧ 邱燕茹. 新时代高校师德建设研究[J]. 思想理论教育导刊，2018（4）：107-111.

现有制度规范尚未充分转化为治理效能，不论在国家政策层面，抑或享有一定自主权的学校管理层面，部分政策仍停留在"以文件落实文件"的阶段，师德制度实施力度不足，实施细则不完备，规范文本的可执行性和可操作性仍需加强。①

教师质量直接关系国家整体教育质量的高低。民办学校教师队伍是国家教师队伍的重要组成部分。民办学校教师队伍建设更易受到市场因素的影响，教育资源的产品化特征更加明显，教师队伍构成更具复杂性和多元性。基于此，民办学校教师的师德师风建设需要更关注师生关系的协调，其评价考核应当与民办教育的社会角色相匹配，适度降低"形式化"师德师风指标的比重，切实注重内涵建设，建立符合民办教育需求，贴合民办教师队伍师德师风建设需求的规范和体系。

二、数据分析

91.13%的民办学校教师对自己的师德师风建设持积极态度（4~5分），8.10%持中立态度（3分），仅有0.77%的教师持消极态度（1~2分）。在政治方向、爱国守法、文化传播、教书育人、言行雅正、公平诚信、廉洁自律7个维度中，民办学校教师的政治方向均值最高，达到4.340；廉洁自律均值最低，仅为4.238（图4-1）。

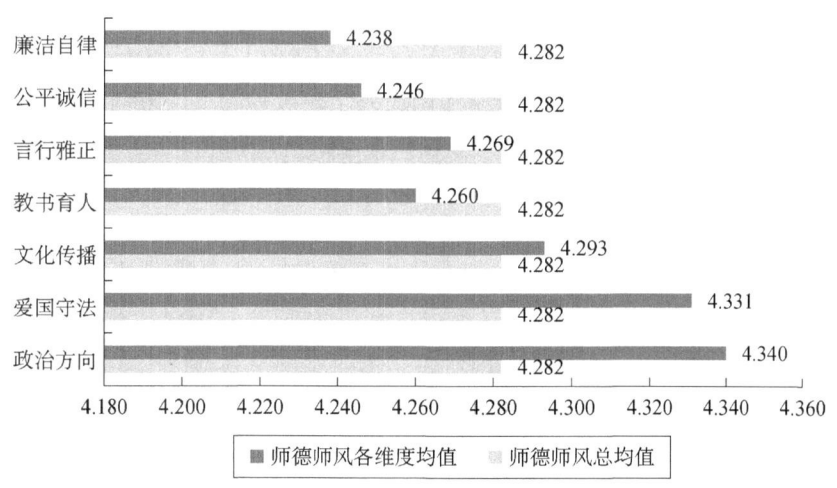

图4-1 民办学校教师师德师风及各维度均值图

（一）政治方向

1. 基本情况

政治方向体现个体事业的根本利益和主要意志，对个体发展有巨大的激励、引领作用，

---

① 王继红，匡淑平. 新时代高校师德师风建设的现实挑战与优化策略[J]. 思想理论教育，2020（5）：92-95.

能激发个体为目标和理想而奋斗。正确的政治方向能够在民办学校教师队伍建设中发挥指南针作用，及时校准偏差，确保教育事业始终沿着正确的方向发展。

民办学校教师的政治方向意识较强，均值为4.340，在师德师风建设各维度中均值排位最高。仅0.53%的高校教师认为自身的政治方向意识很低（1～2分），6.18%的教师认为自身的政治方向意识一般（3分），93.29%的教师认为自身的政治方向意识较高（4～5分）。

2. 差异分析

（1）地区

通过显著性水平检验发现，不同地区民办学校教师的政治方向意识存在显著差异（$p=0.000***<0.001$）。

在不同地区的分组比较中，东部地区民办学校教师的政治方向意识（$M=4.409$）明显强于中部地区（$M=4.311$）和西部地区（$M=4.293$）教师。

（2）校区

通过显著性水平检验发现，校区位置不同的民办学校教师的政治方向意识存在显著差异（$p=0.000***<0.001$）。

在不同校区的分组比较中，一线城市（北上广深）民办学校教师的政治方向意识（$M=4.386$）明显强于省会城市（$M=4.382$）和地级市（$M=4.319$）教师。

（3）办学年限

通过显著性水平检验发现，不同办学年限民办学校教师的政治方向意识存在显著差异（$p=0.011<0.05$）。

在不同办学年限的分组比较中，办学21年及以上（$M=4.383$）和16～20年（$M=4.360$）的民办学校的教师政治方向意识较强，办学5年以下（$M=4.318$）和11～15年（$M=3.942$）的学校教师政治方向意识最弱，总体上呈现出民办学校办学年限越长，其教师政治方向意识越强的趋势。

（4）教师身份

通过显著性水平检验发现，不同的教师身份民办学校教师的政治方向意识存在显著差异（$p=0.000***<0.001$）。

在教师身份的分组比较中，民办学校全职教师（$M=4.354$）的政治方向意识强于兼职教师（$M=4.102$）的政治方向意识。

（5）年龄

通过显著性水平检验发现，不同年龄段民办学校教师的政治方向意识存在显著差异（$p=0.000***<0.001$）。

在不同年龄的分组比较中，31～35岁（$M=4.379$）与36～40岁（$M=4.370$）民办学校教师的政治方向意识最强，61岁及以上（$M=4.164$）、51～60岁（$M=4.258$）的教师政治方向意识偏弱，总体上呈现出31～40岁教师政治方向意识最强，30岁以下教师与中年教师

（41 岁以上）逐渐减弱的趋势。

（6）教龄

通过显著性水平检验发现，不同教龄民办学校教师的政治方向意识存在显著差异（$p=0.000^{***}<0.001$）。

在不同教龄的分组比较中，11～20 年教龄的民办学校教师的政治方向意识最强（$M=4.373$），教龄为 31 年及以上（$M=4.205$）的教师政治方向意识偏弱。

（7）受教育程度

通过显著性水平检验发现，受教育程度不同的民办学校教师的政治方向意识存在显著差异（$p=0.000^{***}<0.001$）。

在不同受教育程度的分组比较中，民办学校硕士（$M=4.425$）与博士（$M=4.368$）教师的政治方向意识较强，本科（$M=4.343$）与专科及以下教师（$M=4.227$）的政治方向意识偏弱，总体上呈现出学历越高政治方向意识越强的趋势。

（8）承担课程门数

通过显著性水平检验发现，承担课程门数不同的民办学校教师的政治方向意识存在显著差异（$p=0.000^{***}<0.001$）。

在承担课程数的分组比较中，承担 1 门课程（$M=4.349$）与 2 门课程（$M=4.347$）的民办学校教师的政治方向意识较强，承担 0 门（$M=4.187$）与 3 门（$M=4.328$）课程的教师政治方向意识偏弱。

（9）周课时数

通过显著性水平检验发现，周课时数不同的民办学校教师的政治方向意识存在显著差异（$p=0.000^{***}<0.001$）。

在周课时数的分组比较中，课时数为 10～15 学时（$M=4.372$）与 16～30 学时（$M=4.335$）的教师政治方向意识较强，课时数为 10 学时以下（$M=4.282$）与 30 学时以上（$M=4.316$）的教师政治方向意识偏弱。

（10）单程上班用时

通过显著性水平检验发现，单程上班用时不同的民办学校教师的政治方向意识存在差异（$p=0.009^{**}<0.01$）。

在单程上班用时的分组比较中，单程上班时间 0.5 小时以内（$M=4.351$）与 0.5～1 小时（$M=4.332$）的民办学校教师的政治方向意识较强，用时 2 小时以上（$M=4.262$）的教师政治方向意识偏弱，总体上呈现出单程上班时间越短政治方向意识越强的趋势。

（11）收支情况

通过显著性水平检验发现，收支情况不同的民办学校教师的政治方向意识存在显著差异（$p=0.000^{***}<0.001$）。

在不同收支情况的分组比较中，年收支很富余（$M=4.422$）与略有富余（$M=4.376$）的教师政治方向意识较强，收支很不足（$M=4.300$）的教师政治方向意识较弱，总体上呈现出收支越富余政治方向意识越强的趋势。

3. 结论

在民办学校教师样本中，学校背景特征及个人背景特征对教师的政治方向意识具有显著影响。从学校背景特征看，民办学校教师的政治方向意识呈现出显著的地区、城乡、办学年限差异，来自东部地区、一线城市（北上广深）、办学年限为16~20年的民办学校的教师政治方向意识较强。从个人背景特征看，民办学校教师的政治方向意识呈现出显著的教师身份、年龄、教龄、受教育程度、承担课程数、周课时数、单程上班时间、年收支差异，全职、31~35岁、从教11~20年、硕士与博士学历、承担1门课程、周课时数为10~15学时、单程上班时间0.5小时内、年收支很富余的教师政治方向意识较强。

（二）爱国守法

1. 基本情况

爱国守法是社会主义公民的基本道德规范之一，主要指爱国主义和遵纪守法，强调公民应当具有高尚的爱国主义精神，遵守法制社会建设成果，自觉知法、懂法、用法、守法、护法。

民办学校教师的爱国守法意识均值较高，为4.331，在师德师风建设各维度中均值排位较高。有0.53%的高校教师认为自身的爱国守法意识很低（1~2分），6.36%的教师认为自身的爱国守法意识一般（3分），92.11%的教师认为自身的爱国守法意识较高（4~5分）。

2. 差异分析

（1）地区

通过显著性水平检验发现，不同地区民办学校教师的爱国守法意识存在显著差异（$p=0.000***<0.001$）。

在不同地区的分组比较中，东部地区民办学校教师的爱国守法意识（$M=4.402$）明显强于中部地区（$M=4.306$）和西部地区（$M=4.283$）教师。

（2）校区

通过显著性水平检验发现，校区位置不同的民办学校教师的爱国守法意识存在显著差异（$p=0.000***<0.001$）。

在不同校区的分组比较中，一线城市（北上广深）民办学校教师的爱国守法意识（$M=4.377$）明显强于省会城市（$M=4.370$）和地级市（$M=4.313$）教师。

（3）办学年限

通过显著性水平检验发现，办学年限不同的民办学校教师的爱国守法意识存在显著差异（$p=0.032<0.05$）。

在不同办学年限的分组比较中，办学 21 年及以上（M=4.371）与办学 16~20 年（M=4.346）的民办学校的教师爱国守法意识较强，办学 5 年及以下（M=3.312）与 6~10 年（M=4.331）的学校的教师爱国守法意识较弱，总体上呈现出办学年限越长教师爱国守法意识越强的趋势。

（4）教师身份

通过显著性水平检验发现，不同身份民办学校教师的爱国守法意识存在显著差异（p=0.000***<0.001）。

在教师身份的分组比较中，民办学校全职教师（M=4.345）的爱国守法意识强于兼职教师（M=4.100）。

（5）年龄

通过显著性水平检验发现，不同年龄民办学校教师的爱国守法意识存在显著差异（p=0.000***<0.001）。

在不同年龄的分组比较中，31~35 岁（M=4.370）与 36~40 岁（M=4.364）的民办学校教师的爱国守法意识较强，61 岁及以上（M=4.174）、51~60 岁（M=4.258）的教师爱国守法意识较弱，总体上呈现出 31~40 岁教师的爱国守法意识最强，30 岁以下青年教师与中老年教师（41 岁以上）逐渐减弱的趋势。

（6）教龄

通过显著性水平检验发现，不同教龄民办学校教师的爱国守法意识存在显著差异（p=0.000***<0.001）。

在不同教龄的分组比较中，从教 11~20 年（M=4.358）与 6~10 年（M=4.355）的民办学校教师的爱国守法意识最强，从教 31 年及以上（M=4.185）的教师爱国守法意识最弱。总体上呈现出以从教 6~20 年爱国守法意识最强，从教 1~5 年与从教 31 年及以上逐渐减弱的趋势。

（7）受教育程度

通过显著性水平检验发现，受教育程度不同的民办学校教师的爱国守法意识存在显著差异（p=0.000***<0.001）。

在不同受教育程度的分组比较中，民办学校硕士（M=4.421）与博士（M=4.375）教师的爱国守法意识较强，本科（M=4.334）、专科及以下教师（M=4.126）的爱国守法意识偏弱，总体上呈现出学历越高爱国守法意识越强的趋势。

（8）承担课程门数

通过显著性水平检验发现，承担课程数不同的民办学校教师的爱国守法意识存在显著差异（p=0.000***<0.001）。

在承担课程数的分组比较中，承担 4 门课程（M=4.355）的民办学校教师的爱国守法意识较强，承担 0 门（M=4.173）课程的教师爱国守法意识偏弱。

（9）周课时数

通过显著性水平检验发现，周课时数不同的民办学校教师的爱国守法意识存在显著差异（$p=0.000^{***}<0.001$）。

在周课时数的分组比较中，周课时为 10~15 学时（$M=4.364$）与 16~30 学时（$M=4.324$）的教师爱国守法意识较强，周课时为 10 学时以下（$M=4.275$）与 30 学时以上（$M=4.316$）的教师爱国守法意识偏弱。

（10）单程上班用时

通过显著性水平检验发现，单程上班用时不同的民办学校教师的爱国守法意识存在差异（$p=0.015^{*}<0.05$）。

在单程上班用时的分组比较中，单程上班时间 0.5 小时以内（$M=4.342$）与 0.5~1 小时（$M=4.326$）的民办学校教师的爱国守法意识较强，用时 2 小时以上（$M=4.262$）教师爱国守法意识偏弱，总体上呈现出单程上班时间越短爱国守法意识越强的趋势。

（11）收支情况

通过显著性水平检验发现，收支情况不同的民办学校教师的爱国守法意识存在显著差异（$p=0.000^{***}<0.001$）。

在不同收支情况的分组比较中，年收支很富余（$M=4.438$）与略有富余（$M=4.376$）的教师爱国守法意识较强，年收支很不足（$M=4.288$）的教师意识较弱，总体上呈现出年收支越富余爱国守法意识越强的趋势。

3. 结论

在民办学校教师样本中，学校背景特征及个人背景特征对教师的爱国守法意识具有显著影响。从学校背景特征看，民办学校教师的爱国守法意识呈现出显著的地区、校区、办学年限差异，来自东部地区、一线城市（北上广深）、办学年限在 21 年以上的民办学校的教师爱国守法意识较强。从个人背景特征看，民办学校教师的爱国守法意识呈现出显著的教师身份、年龄、教龄、受教育程度、承担课程数、周课时数、单程上班时间、年收支差异，全职、31~35 岁、从教 11~20 年、硕士与博士学历、承担 4 门课程、周课时数 10~15 学时、单程上班时间 0.5 小时内、年收支很富余的教师爱国守法意识较强。

（三）文化传播

1. 基本情况

符号学将"传播"定义为观念或意义（精神内容）的传递过程，传播文化即将语言、文字、思想、观念等具象或非具象符号及其内涵在个体或群体间进行传递的行为，既是一种手段和过程，也是一种结果。

民办学校教师的文化传播意识普遍较强，均值为 4.293，在师德师风建设各维度均值中排位居中。有 0.74% 的高校教师认为自身的文化传播意识很低（1~2 分），7.78% 的教师认为自身的文化传播意识一般（3 分），91.48% 的教师认为自身的文化传播意识较高（4~5 分）。

2. 差异分析

（1）地区

通过显著性水平检验发现，不同地区民办学校教师的文化传播意识存在显著差异（$p=0.000^{***}<0.001$）。

在不同地区的分组比较中，东部地区民办学校教师的文化传播意识（$M=4.368$）明显强于中部地区（$M=4.274$）和西部地区（$M=4.239$）教师。

（2）校区

通过显著性水平检验发现，校区位置不同的民办学校教师的文化传播意识存在显著差异（$p=0.000^{***}<0.001$）。

在不同校区的分组比较中，一线城市（北上广深）民办学校教师的文化传播意识（$M=4.362$）明显强于省会城市（$M=4.330$）和地级市（$M=4.273$）教师。

（3）办学年限

通过显著性水平检验发现，不同办学年限民办学校教师的文化传播意识存在显著差异（$p=0.019<0.05$）。

在不同办学年限的分组比较中，办学 21 年及以上（$M=4.336$）与 16~20 年（$M=4.313$）民办学校的教师文化传播意识较强，办学 5 年及以下（$M=4.274$）与 6~10 年（$M=4.281$）学校的教师文化传播意识较弱，总体上呈现出办学年限越长其教师文化传播意识越强的趋势。

（4）教师身份

通过显著性水平检验发现，不同教师身份的民办学校教师的文化传播意识存在显著差异（$p=0.000^{***}<0.001$）。

在教师身份的分组比较中，民办学校全职教师（$M=4.306$）的文化传播意识强于兼职教师（$M=4.067$）。

（5）年龄

通过显著性水平检验发现，不同年龄民办学校教师的文化传播意识存在显著差异（$p=0.000^{***}<0.001$）。

在不同年龄的分组比较中，31~35 岁（$M=4.329$）的民办学校教师的文化传播意识最强，61 岁及以上（$M=4.091$）与 51~60 岁（$M=4.171$）的教师文化传播意识偏弱，总体上呈现出 31~40 岁中青年教师的文化传播意识较强，30 岁以下青年教师次之，中老年教师（41 岁以上）偏弱的趋势。

（6）教龄

通过显著性水平检验发现，不同教龄民办学校教师的文化传播意识存在显著差异（$p=0.000^{***}<0.001$）。

在不同教龄的分组比较中，11~20 年（M=4.320）与 6~10 年（M=4.313）教龄的民办学校教师的文化传播意识最强，教龄为 31 年及以上（M=4.145）的教师文化传播意识偏弱，总体上呈现出从教 6~20 年的教师文化传播意识最强，从教 1~5 年与从教 31 年及以上的教师文化传播意识逐渐减弱的趋势。

（7）受教育程度

通过显著性水平检验发现，受教育程度不同的民办学校教师的文化传播意识存在显著差异（p=0.000***<0.001）。

在不同受教育程度的分组比较中，民办学校硕士（M=4.370）与博士（M=4.311）教师的文化传播意识较强，本科（M=4.301）专科及以下教师（M=4.171）的文化传播意识偏弱，总体上呈现出学历越低文化传播意识越弱的趋势。

（8）承担课程门数

通过显著性水平检验发现，承担课程数不同的民办学校教师的文化传播意识存在显著差异（p=0.000***<0.001）。

在承担课程数的分组比较中，承担 4 门（M=4.323）及 2 门（M=4.302）课程的民办学校教师的文化传播意识较强，承担 0 门（M=4.152）与 3 门（M=4.273）课程的教师文化传播意识偏弱。

（9）周课时数

通过显著性水平检验发现，周课时数不同的民办学校教师的文化传播意识存在显著差异（p=0.000***<0.001）。

在周课时数的分组比较中，10~15 学时（M=4.331）与 16~30 学时（M=4.287）的教师文化传播意识较强，10 学时以下（M=4.237）与 30 学时以上（M=4.293）教师的文化传播意识偏弱。

（10）单程上班用时

通过显著性水平检验发现，单程上班用时不同的民办学校教师的文化传播意识存在显著差异（p=0.006*<0.01）。

在单程上班用时的分组比较中，单程上班时间 0.5 小时以内（M=4.306）与 0.5~1 小时（M=4.283）的民办学校教师的文化传播意识较强，用时 2 小时以上（M=4.216）的教师文化传播意识偏弱，总体上呈现出单程上班时间越短文化传播意识越强的趋势。

（11）收支情况

通过显著性水平检验发现，收支情况不同的民办学校教师的文化传播意识存在显著差异（p=0.000***<0.001）。

在不同收支情况的分组比较中，年收支很富余（M=4.433）与略有富余（M=4.325）的教师文化传播意识较强，年收支很不足（M=4.240）的教师文化传播意识较弱，总体上呈现出年收支越富余文化传播意识越强的趋势。

3. 结论

在民办学校教师样本中，学校背景特征及个人背景特征对教师的文化传播意识具有显著影响。从学校背景特征看，民办学校教师的文化传播意识呈现出显著的地区、校区、办学年限差异，来自东部地区、一线城市（北上广深）、办学年限为21年以上的民办学校的教师文化传播意识较强。从个人背景特征看，民办学校教师的文化传播意识呈现出显著的教师身份、年龄、教龄、受教育程度、承担课程数、周课时数、单程上班时间、年收支差异，全职、31~35岁、从教11~20年、硕士学历、承担4门课程、周课时数为10~15学时、单程上班时间在0.5小时内、年收支很富余的教师文化传播意识较强。

（四）教书育人

1. 基本情况

教书育人是教师的天职，教师在向学生传授专业知识的同时，凭借自身的道德素养和行为魅力言传身教，辅以人生观念的引导，帮助学生实现生命价值追求。

民办学校教师的教书育人能力意识均值稍低于各维度均值，为4.260。有0.85%的高校教师认为自身的教书育人意识很低（1~2分），8.68%的教师认为自身的教书育人意识一般（3分），90.47%的教师认为自身的教书育人意识较高（4~5分）。

2. 差异分析

（1）地区

通过显著性水平检验发现，不同地区民办学校教师的教书育人意识存在显著差异（$p=0.000^{***}<0.001$）。

在不同地区的分组比较中，东部地区民办学校教师的教书育人意识（$M=4.327$）明显强于中部地区（$M=4.251$）和西部地区（$M=4.210$）教师。

（2）校区

通过显著性水平检验发现，校区位置不同的民办学校教师的教书育人意识存在显著差异（$p=0.000^{***}<0.001$）。

在不同校区的分组比较中，一线城市（北上广深）民办学校教师的教书育人意识（$M=4.331$）明显强于省会城市（$M=4.295$）和地级市（$M=4.240$）教师。

（3）办学年限

通过显著性水平检验发现，不同办学年限民办学校教师的教书育人意识存在显著差异（$p=0.008<0.05$）。

在不同办学年限的分组比较中，办学21年及以上（$M=4.308$）与16~20年（$M=4.281$）的民办学校教师的教书育人意识较强，办学5年及以下（$M=3.239$）与6~10年（$M=4.244$）

的学校的教师教书育人意识较弱，总体上呈现出办学年限越长其教师教书育人意识越强的趋势。

（4）性别

通过显著性水平检验发现，民办学校教师的教书育人意识存在显著的性别差异（$p=0.032^*<0.05$）。

在性别的分组比较中，民办学校女教师（$M=4.270$）的教书育人意识强于男教师（$M=4.244$）。

（5）教师身份

通过显著性水平检验发现，不同身份民办学校教师的教书育人意识存在显著差异（$p=0.000^{***}<0.001$）。

在教师身份的分组比较中，民办学校全职教师（$M=4.274$）的教书育人意识强于兼职教师（$M=4.018$）。

（6）年龄

通过显著性水平检验发现，不同年龄民办学校教师的教书育人意识存在显著差异（$p=0.000^{***}<0.001$）。

在不同年龄的分组比较中，26～30岁（$M=4.300$）与31～35岁（$M=4.296$）的民办学校教师的教书育人意识最强，61岁及以上（$M=4.091$）与51～60岁（$M=4.116$）的教师教书育人意识偏弱，总体上呈现出40岁及以下青年与中年教师教书育人意识较强，41岁以上教师较弱的趋势。

（7）教龄

通过显著性水平检验发现，不同教龄民办学校教师的教书育人意识存在显著差异（$p=0.000^{***}<0.001$）。

在不同教龄的分组比较中，从教6～10年（$M=4.282$）与11～20年（$M=4.276$）的民办学校教师教书育人意识最强，从教31年及以上（$M=4.100$）的教师教书育人意识偏弱，总体上呈现出从教6～20年教书育人意识最强，向从教1～5年与从教31年及以上递减的趋势。

（8）受教育程度

通过显著性水平检验发现，受教育程度不同的民办学校教师的教书育人意识存在显著差异（$p=0.000^{***}<0.001$）。

在不同受教育程度的分组比较中，民办学校硕士（$M=4.320$）教师的教书育人意识最强，本科（$M=4.271$）、博士（$M=4.248$）、专科及以下教师（$M=4.145$）的教书育人意识偏弱，总体上呈现出学历越高教书育人意识越强的趋势。

（9）承担课程门数

通过显著性水平检验发现，承担课程数不同的民办学校教师教书育人意识存在显著差异（$p=0.000^{***}<0.001$）。

在承担课程数教师的分组比较中，承担 1 门（$M=4.274$）与 2 门（$M=4.265$）课程的民办学校教师的教书育人意识较强，承担 0 门（$M=4.114$）与 3 门（$M=4.228$）的教师教书育人意识偏弱。

（10）周课时数

通过显著性水平检验发现，周课时数不同的民办学校教师的教书育人意识存在显著差异（$p=0.000***<0.001$）。

在周课时数的分组比较中，10～15 学时（$M=4.300$）与 16～30 学时（$M=4.248$）的教师教书育人意识较强，10 学时以下（$M=4.199$）与 30 学时以上（$M=4.234$）的教师教书育人意识偏弱。

（11）单程上班用时

通过显著性水平检验发现，单程上班用时不同的民办学校教师的教书育人意识存在差异（$p=0.027*<0.05$）。

在单程上班用时的分组比较中，单程上班时间 0.5 小时以内（$M=4.271$）与 0.5～1 小时（$M=4.251$）的民办学校教师教书育人意识较强，用时 2 小时以上（$M=4.195$）的教师教书育人意识偏弱，总体上呈现出单程上班时间越短教书育人意识越强的趋势。

（12）收支情况

通过显著性水平检验发现，收支情况不同的民办学校教师的教书育人意识存在显著差异（$p=0.000***<0.001$）。

在不同收支情况的分组比较中，年收支很富余（$M=4.381$）与收支持平（$M=4.303$）的教师教书育人意识较强，收支很不足（$M=4.201$）的教师教书育人意识较弱，总体仍呈现出年收支越富余教书育人意识越强的趋势。

3. 结论

在民办学校教师样本中，学校背景特征及个人背景特征对教师的教书育人意识具有显著影响。从学校背景特征看，民办学校教师的教书育人意识呈现出显著的地区、校区、办学年限差异，东部地区、一线城市（北上广深）、办学年限为 21 年以上的民办学校的教师教书育人意识较强。从个人背景特征看，民办学校教师教书育人意识呈现出显著的性别、教师身份、年龄、教龄、受教育程度、承担课程数、周课时数、单程上班时间、年收支差异，女性、全职、26～30 岁、从教 6～10 年、硕士学历、承担 1 门课程、周课时数 10～15 学时、单程上班时间 0.5 小时内、年收支很富余的教师教书育人意识较强。

（五）言行雅正

1. 基本情况

言行雅正意指语言和行为典雅纯正、合乎道德和规范。教师应在职业言语表达和行为中坚持为人师表、以身作则、举止文明、自重自爱的原则。

民办学校教师的言行雅正意识均值低于各维度均值,为 4.269。有 0.81% 的高校教师认为自身的言行雅正意识很低（1～2 分）,8.49% 的教师认为自身的言行雅正意识一般（3 分）,90.7% 的教师认为自身的言行雅正意识较高（4～5 分）。

2. 差异分析

（1）地区

通过显著性水平检验发现,不同地区民办学校教师的言行雅正意识存在显著差异（$p=0.000***<0.001$）。

在不同地区的分组比较中,东部地区民办学校教师的言行雅正意识（$M=4.332$）明显强于中部地区（$M=4.262$）和西部地区（$M=4.223$）教师。

（2）校区

通过显著性水平检验发现,校区位置不同的民办学校教师的言行雅正意识存在显著差异（$p=0.000***<0.001$）。

在不同校区的分组比较中,一线城市（北上广深）民办学校教师的言行雅正意识（$M=4.332$）明显强于省会城市（$M=4.297$）和地级市（$M=4.253$）教师。

（3）办学年限

通过显著性水平检验发现,不同办学年限民办学校教师的言行雅正意识存在显著差异（$p=0.000***<0.001$）。

在不同办学年限的分组比较中,办学 21 年及以上（$M=4.322$）与 16～20 年（$M=4.298$）的民办学校的教师言行雅正意识较强,办学 6～10 年（$M=3.243$）与 5 年及以下（$M=4.248$）的学校的教师言行雅正意识较弱,总体仍呈现出办学年限越长其教师言行雅正意识越强的趋势。

（4）性别

通过显著性水平检验发现,民办学校教师的言行雅正意识存在显著的性别差异（$p=0.002*<0.0101$）。

在性别的分组比较中,民办学校女教师（$M=4.284$）的言行雅正意识强于男教师（$M=4.246$）。

（5）教师身份

通过显著性水平检验发现,不同身份的民办学校教师的言行雅正意识存在显著差异（$p=0.000***<0.001$）。

在教师身份的分组比较中,民办学校全职教师（$M=4.284$）的言行雅正意识强于兼职教师（$M=4.029$）。

（6）年龄

通过显著性水平检验发现,不同年龄民办学校教师的言行雅正意识存在显著差异

（$p=0.000***<0.001$）。

在不同年龄的分组比较中，31～35 岁（$M=4.308$）与 26～30 岁（$M=4.308$）的民办学校教师的言行雅正意识最强，61 岁及以上（$M=4.087$）与 51～60 岁（$M=4.131$）的教师言行雅正意识偏弱，总体上呈现出 40 岁及以下青年与中年教师言行雅正意识较强，41 岁以上中老年教师较弱的趋势。

（7）教龄

通过显著性水平检验发现，不同教龄民办学校教师的言行雅正意识存在显著差异（$p=0.000***<0.001$）。

在不同教龄的分组比较中，从教 6～10 年（$M=4.288$）与 11～20 年（$M=4.287$）的民办学校教师的言行雅正意识最强，从教 31 年及以上（$M=4.124$）的教师言行雅正意识偏弱，总体上呈现出从教 6～20 年言行雅正意识最强，向从教 1～5 年与从教 31 年及以上递减的趋势。

（8）受教育程度

通过显著性水平检验发现，受教育程度不同的民办学校教师的言行雅正意识存在显著差异（$p=0.000***<0.001$）。

在不同受教育程度的分组比较中，民办学校硕士（$M=4.316$）与博士（$M=4.285$）教师的言行雅正意识较强，本科（$M=4.281$）、专科及以下教师（$M=4.168$）的言行雅正意识偏弱，总体上呈现出学历越高言行雅正意识越强的趋势。

（9）承担课程门数

通过显著性水平检验发现，承担课程数不同的民办学校教师的言行雅正意识存在显著差异（$p=0.000***<0.001$）。

在承担课程数的分组比较中，承担 1 门（$M=4.285$）与 2 门（$M=4.272$）课程的民办学校教师的言行雅正意识较强，承担 0 门（$M=4.136$）与 3 门（$M=4.231$）课程的教师言行雅正意识偏弱。

（10）周课时数

通过显著性水平检验发现，周课时数不同的民办学校教师的言行雅正意识存在显著差异（$p=0.000***<0.001$）。

在周课时数的分组比较中，周课时数为 10～15 学时（$M=4.314$）与 16～30 学时（$M=4.256$）的教师言行雅正意识较强，10 学时以下（$M=4.200$）与 30 学时以上（$M=4.247$）的教师言行雅正意识偏弱。

（11）单程上班用时

通过显著性水平检验发现，单程上班用时不同的民办学校教师的言行雅正意识存在显著差异（$p=0.000***<0.001$）。

在单程上班用时的分组比较中，单程上班时间 0.5 小时以内（$M=4.286$）与 0.5～1 小时（$M=4.255$）的民办学校教师的言行雅正意识较强，用时 2 小时以上（$M=4.182$）的教师言行雅正意识偏弱，总体上呈现出单程上班时间越短言行雅正意识越强的趋势。

（12）收支情况

通过显著性水平检验发现，收支情况不同的民办学校教师的言行雅正意识存在显著差异（$p=0.000***<0.001$）。

在不同收支情况的分组比较中，年收支很富余（$M=4.395$）与收支持平（$M=4.313$）的教师言行雅正意识较强，收支很不足（$M=4.204$）的教师言行雅正意识较弱，总体仍呈现出收支越富余言行雅正意识越强的趋势。

3. 结论

在民办学校教师样本中，学校背景特征及个人背景特征对教师的言行雅正意识具有显著影响。从学校背景特征看，民办学校教师的言行雅正意识呈现出显著的地区、校区、办学年限差异，东部地区、一线城市（北上广深）、办学年限在 21 年以上的民办学校教师的言行雅正意识较强。从个人背景特征看，民办学校教师的言行雅正意识呈现出显著的性别、教师身份、年龄、教龄、受教育程度、承担课程数、周课时数、单程上班时间、年收支差异，女性、全职、31～35 岁、从教 6～10 年、硕士与博士学历、承担 1 门课程、周课时数为 10～15 学时、单程上班时间在 0.5 小时内、年收支很富余的教师言行雅正意识较强。

（六）公平诚信

1. 基本情况

诚信是个人的基本行为准则，是思想道德建设的重点。公平正义是诚信的道德源泉，维护社会公平正义是加强诚信建设的关键。

民办学校教师的公平诚信意识均值偏低，为 4.246。有 0.88% 的高校教师认为自身的公平诚信意识很低（1～2 分），9.36% 的教师认为自身的公平诚信意识一般（3 分），89.76% 的教师认为自身的公平诚信意识较高（4～5 分）。

2. 差异分析

（1）地区

通过显著性水平检验发现，不同地区民办学校教师的公平诚信意识存在显著差异（$p=0.000***<0.001$）。

在不同地区的分组比较中，东部地区民办学校教师的公平诚信意识（$M=4.303$）明显强于中部地区（$M=4.247$）和西部地区（$M=4.203$）教师。

（2）校区

通过显著性水平检验发现，校区位置不同的民办学校教师的公平诚信意识存在显著差异（$p=0.000***<0.001$）。

在不同校区的分组比较中，一线城市（北上广深）民办学校教师的公平诚信意识

（M=4.329）明显强于省会城市（M=4.267）和地级市（M=4.232）教师。

（3）办学年限

通过显著性水平检验发现，不同办学年限民办学校教师的公平诚信意识存在显著差异（p=0.000***<0.001）。

在不同办学年限的分组比较中，办学 21 年及以上（M=4.299）与 16~20 年（M=4.285）的民办学校的教师公平诚信意识较强，办学 6~10 年（M=3.216）与 5 年及以下（M=4.221）的学校的教师公平诚信意识较弱，总体仍呈现出办学年限越长其教师公平诚信意识越强的趋势。

（4）性别

通过显著性水平检验发现，民办学校教师的公平诚信意识存在显著的性别差异（p=0.000***<0.001）。

在性别的分组比较中，民办学校女教师（M=4.264）的公平诚信意识强于男教师（M=4.218）。

（5）教师身份

通过显著性水平检验发现，不同身份的民办学校教师的公平诚信意识存在显著差异（p=0.000***<0.001）。

在教师身份的分组比较中，民办学校全职教师（M=4.261）的公平诚信意识强于兼职教师（M=4.004）。

（6）年龄

通过显著性水平检验发现，不同年龄民办学校教师的公平诚信意识存在显著差异（p=0.000***<0.001）。

在不同年龄的分组比较中，26~30 岁（M=4.298）与 31~35 岁（M=4.284）的民办学校教师的公平诚信意识较强，61 岁以上（M=3.954）与 51~60 岁（M=4.083）的教师公平诚信意识偏弱，总体上呈现出 40 岁及以下青年与中年教师公平诚信意识较强，41 岁以上中老年教师偏弱的趋势。

（7）教龄

通过显著性水平检验发现，不同教龄民办学校教师的公平诚信意识存在显著差异（p=0.000***<0.001）。

在不同教龄的分组比较中，从教 1~5 年（M=4.264）与从教 6~10 年（M=4.262）的民办学校教师的公平诚信意识较强，从教 31 年及以上（M=4.059）的教师公平诚信意识偏弱，总体上呈现出从教 1~10 年公平诚信意识最强，向从教 31 年及以上递减的趋势。

（8）受教育程度

通过显著性水平检验发现，受教育程度不同的民办学校教师的公平诚信意识存在显著差异（p=0.000***<0.001）。

在不同受教育程度的分组比较中，民办学校硕士（M=4.273）教师的公平诚信意识最强，本科（$M=4.264$）、博士（$M=4.202$）与专科及以下教师（$M=4.143$）的公平诚信意识偏弱，总体上呈现出学历越高公平诚信意识越强的趋势。

（9）承担课程门数

通过显著性水平检验发现，承担课程数不同的民办学校教师的公平诚信意识存在显著差异（$p=0.000***<0.001$）。

在承担课程数的分组比较中，承担1门（$M=4.265$）与2门（$M=4.252$）课程的民办学校教师的公平诚信意识较强，承担0门（$M=4.090$）与3门（$M=4.188$）课程的教师公平诚信意识偏弱。

（10）周课时数

通过显著性水平检验发现，周课时数不同的民办学校教师的公平诚信意识存在显著差异（$p=0.000***<0.001$）。

在周课时数的分组比较中，周课时数为10～15学时（$M=4.287$）的教师公平诚信意识较强，10学时以下（$M=4.181$）的教师公平诚信意识偏弱。

（11）单程上班用时

通过显著性水平检验发现，单程上班用时不同的民办学校教师的公平诚信意识存在显著差异（$p=0.000***<0.001$）。

在单程上班用时的分组比较中，单程上班时间0.5小时以内（$M=4.266$）与0.5～1小时（$M=4.230$）的民办学校教师的公平诚信意识较强，用时2小时以上（$M=4.162$）的教师公平诚信意识偏弱，总体上呈现出单程上班时间越短公平诚信意识越强的趋势。

（12）收支情况

通过显著性水平检验发现，收支情况不同的民办学校教师的公平诚信意识存在显著差异（$p=0.000***<0.001$）。

在不同收支情况的分组比较中，年收支很富余（$M=4.405$）与收支持平状态（$M=4.297$）的教师公平诚信意识较强，收支很不足（$M=4.177$）的教师公平诚信意识较弱，总体上呈现出收支越富余公平诚信意识越强的趋势。

3. 结论

在民办学校教师样本中，学校背景特征及个人背景特征对教师的公平诚信意识具有显著影响。从学校背景特征看，民办学校教师的公平诚信意识呈现出显著的地区、校区、办学年限差异，东部地区、一线城市（北上广深）、办学年限在21年以上的民办学校的教师公平诚信意识较强。从个人背景特征看，民办学校教师的公平诚信意识呈现出显著的性别、教师身份、年龄、教龄、受教育程度、承担课程数、周课时数、单程上班时间、年收支差异，女性、全职、26～30岁、从教1～5年、硕士学历、承担1门课程、周课时数为10～15学时、单程上班时间在0.5小时内、年收支很富余的教师公平诚信意识较强。

（七）廉洁自律

1. 基本情况

廉洁自律不仅是党员干部必备的政治品格，更是各行各业应当坚守的行为底线。廉洁自律要求教师在职业工作中坚持师者自尊，行为自律。

民办学校教师的廉洁自律意识均值较低，为4.238。有1.03%的高校教师认为自身的廉洁自律意识很低（1～2分），9.88%的教师认为自身的廉洁自律意识一般（3分），89.09%的教师认为自身的廉洁自律意识较高（4～5分）。

2. 差异分析

（1）地区

通过显著性水平检验发现，不同地区民办学校教师的廉洁自律意识存在显著差异（$p=0.000***<0.001$）。

在不同地区的分组比较中，东部地区民办学校教师的廉洁自律意识（$M=4.281$）明显强于中部地区（$M=4.237$）和西部地区（$M=4.205$）教师。

（2）校区

通过显著性水平检验发现，校区位置不同的民办学校教师的廉洁自律意识存在显著差异（$p=0.009*<0.0101$）。

在不同校区的分组比较中，一线城市（北上广深）民办学校教师的廉洁自律意识（$M=4.312$）明显强于省会城市（$M=4.250$）和地级市（$M=4.227$）教师。

（3）办学年限

通过显著性水平检验发现，不同办学年限民办学校教师的廉洁自律意识存在显著差异（$p=0.007**<0.01$）。

在不同办学年限的分组比较中，办学21年及以上（$M=4.280$）与16～20年（$M=4.261$）的民办学校的教师廉洁自律意识较强，办学6～10年（$M=3.207$）与5年及以下（$M=4.235$）学校的教师廉洁自律意识较弱，总体上呈现出办学年限越长其教师廉洁自律意识越强的趋势。

（4）性别

通过显著性水平检验发现，民办学校教师的廉洁自律意识存在显著的性别差异（$p=0.001**<0.01$）。

在性别的分组比较中，民办学校女教师（$M=4.254$）的廉洁自律意识强于男教师（$M=4.124$）。

（5）教师身份

通过显著性水平检验发现，不同身份民办学校教师的廉洁自律意识存在显著差异（$p=0.000***<0.001$）。

在教师身份的分组比较中，民办学校全职教师（$M=4.252$）的廉洁自律意识强于兼职教师（$M=4.001$）。

（6）年龄

通过显著性水平检验发现，不同年龄民办学校教师的廉洁自律意识存在显著差异（$p=0.000***<0.001$）。

在不同年龄的分组比较中，26～30岁（$M=4.299$）与31～35岁（$M=4.271$）的民办学校教师的廉洁自律意识最强，61岁及以上（$M=3.964$）与51～60岁（$M=4.053$）的教师廉洁自律意识偏弱，总体上呈现出40岁及以下青年与中年教师的廉洁自律意识较强，41岁以上中老年教师廉洁自律意识偏弱的趋势。

（7）教龄

通过显著性水平检验发现，不同教龄民办学校教师的廉洁自律意识存在显著差异（$p=0.000***<0.001$）。

在不同教龄的分组比较中，教龄1～5年（$M=4.264$）与6～10年（$M=4.255$）的民办学校教师的廉洁自律意识最强，从教31年及以上（$M=4.025$）的教师廉洁自律意识偏弱，总体上呈现出以从教1～10年为最强，向从教31年及以上递减的趋势。

（8）受教育程度

通过显著性水平检验发现，受教育程度不同的民办学校教师的廉洁自律意识存在显著差异（$p=0.000***<0.001$）。

在不同受教育程度的分组比较中，民办学校硕士（$M=4.262$）教师的廉洁自律意识最强，本科（$M=4.253$）、博士（$M=4.241$）与专科及以下教师（$M=4.143$）的廉洁自律意识偏弱，总体上呈现出学历越高廉洁自律意识越强的趋势。

（9）承担课程门数

通过显著性水平检验发现，承担课程数不同的民办学校教师的廉洁自律意识存在显著差异（$p=0.000***<0.001$）。

在承担课程数的分组比较中，承担1门（$M=4.255$）与2门（$M=4.239$）课程的民办学校教师的廉洁自律意识较强，承担0门（$M=4.098$）与3门（$M=4.195$）课程的教师廉洁自律意识偏弱。

（10）周课时数

通过显著性水平检验发现，周课时数不同的民办学校教师的廉洁自律意识存在显著差异（$p=0.000***<0.001$）。

在周课时数的分组比较中，周课时数为10～15学时（$M=4.274$）与16～30学时（$M=4.229$）的教师廉洁自律意识较强，10学时以下（$M=4.175$）与30学时以上（$M=4.221$）的教师廉洁自律意识偏弱。

（11）单程上班用时

通过显著性水平检验发现，单程上班用时不同的民办学校教师的廉洁自律意识存在显著差异（p=0.002**<0.01）。

在单程上班用时的分组比较中，单程上班时间 0.5 小时以内（M=4.254）与 0.5～1 小时（M=4.225）的民办学校教师的廉洁自律意识较强，用时 2 小时以上（M=4.168）的教师廉洁自律意识偏弱，总体上呈现出单程上班时间越短廉洁自律意识越强的趋势。

（12）收支情况

通过显著性水平检验发现，收支情况不同的民办学校教师的廉洁自律意识存在显著差异（p=0.000***<0.001）。

在教师收支情况的分组比较中，年收支很富余（M=4.376）与收支持平状态（M=4.286）的教师廉洁自律意识较强，收支很不足（M=4.174）的教师廉洁自律意识较弱，总体上呈现出年收支越富余廉洁自律意识越强的趋势。

3. 结论

在民办学校教师样本中，学校背景特征及个人背景特征对教师的廉洁自律意识具有显著影响。从学校背景特征看，民办学校教师的廉洁自律意识呈现出显著的地区、校区、办学年限差异，东部地区、一线城市（北上广深）、办学年限在 21 年以上的民办学校的教师廉洁自律意识较强。从个人背景特征看，民办学校教师的廉洁自律意识呈现出显著的性别、教师身份、年龄、教龄、受教育程度、承担课程数、周课时数、单程上班时间、年收支差异，女性、全职、26～30 岁、从教 1～5 年、硕士学历、承担 1 门课程、周课时数为 10～15 学时、单程上班时间在 0.5 小时内、年收支很富余的教师廉洁自律意识较强。

第五章 职业情感

> **内容提要**
> 本章调查了我国东、中、西部民办高校和民办中小学教师的职业情感情况,运用数据和图形展示了民办学校教师职业认同、职业理想、职业情怀、自我提升的发展情况。

教师职业情感是教师对教书育人工作的内在态度体验与外在情绪表现。较高的职业情感水平对教师的工作积极性、创造力、感召力以及专业发展能力有重要的积极影响。在教育大扩招的时代背景下,关注教师的职业情感有利于为教师营造更好的外部环境,促进教师专业能力的提升,推动教育质量的提高。

研究发现:

民办高校教师的职业情感水平整体较高,除职业认同程度较低外,职业理想、职业情怀和自我提升水平均较高。东部地区民办高校教师的职业理想、情怀和自我提升水平普遍高于中部、西部地区的民办高校教师;本科类民办院校教师的职业情感各维度均值均高于专科类院校教师;办校21~30年的高校的教师在职业情感各个方面的水平均较高;25岁以下教师的职业情感水平普遍低于其他年龄段教师;拥有本科和硕士学历的教师职业理想、职业情怀和自我提升水平较高;艺术类授课教师的职业情感水平普遍高于其他类型教师;本学期未讲授课程的教师的职业情感水平普遍低于承担课程任务的教师;校部中层干部教师在职业情感各方面表现更佳;全职教师的职业理想、职业情怀和自我提升水平普遍高于兼职教师。

民办中小学教师的职业情感水平整体高于民办高校教师。校区位于省会城市的民办中小学教师的职业理想、职业情怀和自我提升水平较高;办学21年及以上的民办中小学教师在职业情感的各个方面表现更优;音体美类授课教师的职业情感水平普遍高于其他类型授课教师;年收支越富余的教师职业情感水平越高;教务主任的职业理想、职业情怀和自我提升水平普遍高于普通教师;班主任教师在职业情感方面表现更佳。

一、研究综述

（一）概念界定

1. 职业情感

职业情感是个体对所从事职业产生的稳定的态度和体验，具有稳定性和较强的主观性。[1] 职业对个体不同层次需求的满足与否，使其职业情感呈现积极与消极两种不同的状态，积极职业情感常外化为个体对职业的热爱、使命感、荣誉感等强烈的情绪表现，以及较强的工作动力和职业自主发展意识。[2] 相反，消极职业情感则使个体产生职业倦怠、职业迷茫、工作积极性弱、职业成就感低等体验。[3]

2. 教师职业情感

教师职业情感指教师在教书育人工作中产生的对教师职业稳定的态度与体验，具有较强的稳定性、主观性和感染性。作为教书育人工作的专业人员，教师的工作对象为有思想的、有态度的学生，因而教师职业情感既具有一般职业情感的共性，也包含自身的特性。[4]

（二）相关研究

随着教师群体受关注程度的不断加深，教师的职业情感逐渐成为教育研究的重要主题。在探讨教师职业情感结构的研究中，教师职业情感被划分为职业认同、职业理想、职业情怀和自我提升四个组成部分。[4] 另有学者从事业感、责任感、成就感、职业荣誉感、职业忠诚度和职业期待等方面解构教师职业情感。[5] 总之，教师职业情感包含对教师职业的价值认同、理想追求、敬重热爱和强烈的自我发展意愿等内容已成为共识。

职业情感对于教师的实际工作和自身专业发展影响深刻。良好的职业情感体验不仅反映了教师对自身工作较高的价值认同，更赋予教师较强的内在驱动力，给予其信念支撑。[6] 拥有积极职业情感的教师不仅在工作中付诸更多的精力，倾向建立良好的师生关系，更能坚持不懈地寻求自身专业知识和能力的提高。

---

[1] 尚勇. 试论职业情感的科学界定[J]. 理论观察，2007（1）：153-154.
[2] 张意忠. 论教师职业情感的生成与培育[J]. 高等教育研究，2010，31（5）：56-61.
[3] 陈鑫. 中小学教师职业情感现状研究[D]. 山西师范大学，2014：6-9.
[4] 王凤英. 中小学教师职业情感研究[D]. 东北师范大学，2012：26.
[5] 卫建国，陈鑫. 中小学教师职业情感实证分析——以中部六省中小学师德调研为基础[J]. 山西师大学报（社会科学版），2013，40（6）：131-136.
[6] 安雪慧. 中小学教师职业情感的影响因素研究[J]. 教育经济评论，2020，5（3）：28-40.

已有研究普遍发现，教师职业情感存在显著的性别、年龄、城乡、学历层次差异，学校类型、层次、组织管理特征等因素也导致教师职业情感水平差异的产生。有学者发现，教师职业情感水平随教师年龄的增长趋势呈现"最强—弱—强"的接近"U"形曲线的趋势。另有学者通过数据分析发现教师群体存在"职业高原反应"现象，[①] 30岁以上拥有中级职称的中小学教师往往出现职业发展停滞、动力减弱、职业倦怠严重的情况。[②] 一项针对中部6省1600名中小学教师的职业情感调查发现，中小学教师职业情感水平整体较高，部分教师存在职业认同感较低、缺乏职业理想的问题。[③] 针对不同类型高等院校教师职业情感的调查发现，高校教师对于薪酬和职称晋升机制的满意度较低。进一步分析原因发现，教师职业情感的消极表现来源于生活压力大、物质待遇低、职称晋升困难等方面。良好的职业发展通道、薪资水平和外部环境有利于增强教师的幸福感、成就感和社会荣誉感[①]，而学校组织支持能有效地减轻中年成熟型教师的"职业高原反应"。[②]

民办学校是教育系统的重要组成部分，对完成基础教育任务和实现高等教育普及化有着不可替代的作用。民办、公办学校教师在身份、福利待遇、评价机制、职业发展空间等方面存在差异。已有研究多聚焦中小学教师的职业情感，并未在教师群体上进行细分，民办高校和民办中小学教师作为具有一定特殊性的群体，对其职业情感现状、问题及原因进行探究有重要的现实意义。

二、民办高校教师职业情感

80.85%的民办高校教师对自身的职业情感持积极态度（4~5分），15.60%的教师持中立态度（3分），仅3.55%的高校教师持消极态度（1~2分）。民办高校教师的职业情感均值达到4.090；其中自我提升维度均值最高，为4.228；职业认同维度均值最低，为3.864；职业理想和职业情怀维度均值居中，分别为4.074和4.194（图5-1）。

（一）职业认同

1. 基本情况

教师职业认同指教师对于自身职业的社会价值、重要性的认同程度。[④] 较强的职业认同感通常表现为对教师职业的敬重与热爱。职业认同程度的强弱影响教师工作的主观能动性、投入程度、压力调节能力和奉献精神。

---

① 寇冬泉，张大均. 教师职业生涯"高原现象"的心理学阐释[J]. 中国教育学刊. 2006（4）：72-73
② 崔玉平，吴颖. 外部支持对中小学成熟型教师职业高原反应的消减作用——以事业追求为中介的实证研究[J]. 现代教育管理，2020（1）：92-100.
③ 陈鑫. 中小学教师职业情感现状研究[D]. 山西师范大学，2014：21-49.
④ 王凤英. 中小学教师职业情感研究[D]. 东北师范大学，2012：36.

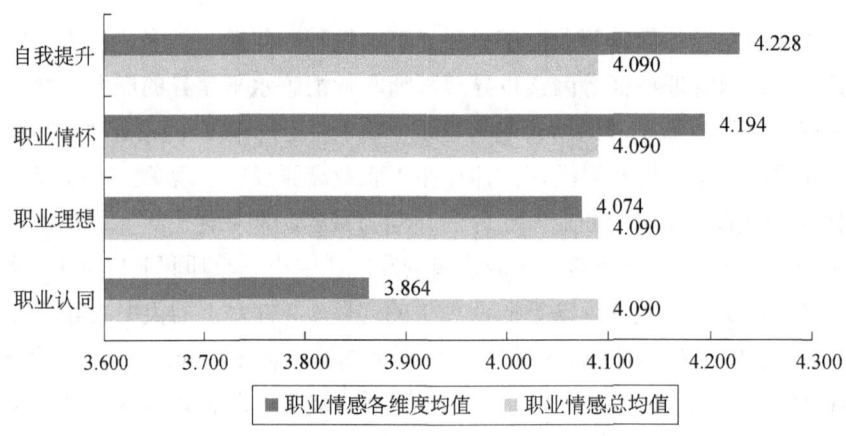

图 5-1 民办高校教师职业情感及各维度均值图

民办高校教师的职业认同度较低，均值为 3.864，低于其他 3 个维度。9.70% 的高校教师的职业认同程度很低（1～2 分），19.58% 的教师的职业认同程度一般（3 分），70.72% 的教师认为自身的职业认同程度较高（4～5 分）。

2. 差异分析

（1）办学层次

通过显著性水平检验发现，不同办学层次高校的教师职业认同度存在显著差异（$p=0.001**<0.01$）。

在不同办学层次的分组比较中发现，最高办学层次为本科（$M=3.908$）的民办高校教师的职业认同度显著高于最高办学层次为专科（$M=3.825$）的民办高校教师。总体上呈现出办学层次越高教师职业认同度越高的趋势。

（2）收支情况

通过显著性水平检验发现，收支情况不同的民办高校教师的职业认同度存在显著差异（$p=0.000***<0.001$）。

进一步的组别比较发现，年收支很不足（$M=3.719$）的民办高校教师的职业认同度显著低于年收支不足（$M=3.816$）、收支持平（$M=3.976$）、略有富余（$M=4.107$）的教师。总体而言，民办高校教师的年收支越富余，其职业认同度越高。

（3）职务

通过显著性水平检验发现，担任不同职务的民办高校教师的职业认同度差异显著（$p=0.000***<0.001$）。

在不同职务的分组比较中，担任校部中层职务的教师（$M=4.076$）的职业认同度显著高于专职教师（$M=3.849$）、专职辅导员（$M=3.841$）、专职科研人员（$M=3.665$）。

3. 结论

整体上，民办高校教师的职业认同度较低，29.28% 的民办高校教师的职业认同度有待提高。

从学校背景来看，办学层次不同的民办高校的教师职业认同存在显著差异，层次越高的高校，其教师职业认同度越高。就教师个人背景而言，民办高校教师的职业认同在收支情况、职务两方面差异显著，年收支持平或略有富余、担任校部中层干部的教师职业认同度较高。

（二）职业理想

1. 基本情况

职业理想是职业工作者在本领域内追求自身发展的目标。[①] 高校教师的职业理想是其努力成为成熟教师工作者的动力来源，更是积极工作的信念支撑。职业理想常外化为教师对于本领域内自身发展空间与潜力的认可。

民办高校教师的职业理想水平较高，均值达到4.074。其中，80.45%的教师职业理想水平较高（4~5分），17.68%的教师职业理想水平处于一般状态（3分），职业理想水平较低的教师比例仅占1.86%（1~2分）。

2. 差异分析

（1）地区

通过显著性水平检验发现，不同地区民办高校的教师职业理想水平存在显著差异（$p=0.001**<0.01$）。

在不同地区的分组比较中，东部地区（$M=3.875$）民办高校教师的职业理想均值显著高于西部地区民办高校教师（$M=3.849$）。

（2）校区

通过显著性水平检验发现，校区位置不同的民办高校教师的职业理想水平差异显著（$p=0.039*<0.05$）。

校区位于省会城市（$M=4.1037$）的民办高校教师的职业理想均值最高，地级市及其他民办高校的教师（$M=4.0522$）次之，一线城市（$M=3.8867$）民办高校教师的职业理想均值最低。

（3）办学层次

通过显著性水平检验发现，不同办学层次民办高校的教师在职业理想水平上存在显著差异（$p=0.001**<0.01$）。

在不同办学层次的分组比较中，最高办学层次为本科（$M=4.121$）的民办高校的教师职业理想均值显著高于最高办学层次为专科（$M=4.033$）的民办高校教师。

（4）办学年限

通过显著性水平检验发现，办学年限不同民办高校的教师在职业理想水平上差异显著（$p=0.000***<0.001$）。

---

① 王凤英. 中小学教师职业情感研究[D]. 东北师范大学，2012：36.

在不同办学年限的分组比较中,办学年限在 10 年及以下(M=4.013)的民办高校的教师职业理想均值显著低于办学年限在 21~30 年间(M=4.170)的民办高校的教师。

(5)在校生规模

通过显著性水平检验发现,在校生规模不同的民办高校教师在职业理想水平上呈显著差异(p=0.012*<0.05)。

办学规模在 1 万~2 万人的民办高校教师的职业理想均值最高(M=4.115),办学规模在 3 万人以上的民办高校的教师职业理想均值最低(M=3.926),办学规模在 1 万人以下(M=4.064)和 2 万~3 万人(M=3.941)的民办高校的教师职业理想均值居中。

(6)办学类型

通过显著性水平检验发现,民办高校教师的职业理想水平在办学类型上差异显著(p=0.003**<0.01)。

独立学院教师(M=4.125)的职业理想均值显著高于普通民办院校教师(M=4.046)。

(7)年龄

通过显著性水平检验发现,不同年龄民办高校教师在职业理想水平上差异显著(p=0.006**<0.01)。

进一步的分组比较发现,25 岁及以下(M=3.960)的教师职业理想均值显著低于 31~35 岁(M=4.141)的教师。

(8)受教育程度

通过显著性水平检验发现,受教育程度不同的民办高校教师在职业理想水平上差异显著(p=0.000***<0.001)。

进一步的分组比较发现,最高学历为硕士(M=4.110)和本科(M=4.061)的教师的职业理想均值显著高于最高学历为专科及以下(M=3.862)的教师,总体而言,随受教育程度的提高,民办高校教师的职业理想水平呈上升趋势。

(9)任教学科

通过显著性水平检验发现,任教学科类型不同的民办高校教师在职业理想水平上存在显著差异(p=0.000***<0.001)。

进一步的分组比较发现,教授艺术类(M=4.202)课程的教师的职业理想均值显著高于教授理工类(M=4.063)、文法类(M=4.044)、经管类(M=4.024)和医药类(M=3.983)课程的教师。

(10)本学期承担课程门数

通过显著性水平检验发现,本学期授课门数不同的民办高校教师在职业理想水平上差异显著(p=0.007**<0.01)。

进一步的分组比较发现,本学期授课门数为 0 门(M=3.930)的教师的职业理想均值显著低于授课门数为 2 门(M=4.099)、3 门(M=4.111)和 4 门(M=4.128)的教师,总体上呈授课门数越多职业理想均值越高的趋势。

（11）收支情况

通过显著性水平检验发现，收支情况不同的民办高校教师在职业理想水平上差异显著（$p=0.007**<0.01$）。

进一步的分组比较发现，年收支不足（$M=4.041$）的教师的职业理想均值显著低于年收支持平（$M=4.105$）和略有富余（$M=4.185$）的教师，总体上呈教师收支越富余职业理想均值越高的趋势。

（12）职务

通过显著性水平检验发现，担任不同职务的民办高校教师在职业理想水平上存在显著差异（$p=0.014*<0.05$）。

担任校部中层职务（$M=4.246$）的教师职业理想均值最高，校领导（$M=4.124$）、专职教师（$M=4.071$）和专职辅导员（$M=4.024$）次之，专业科研人员（$M=3.854$）最低。

（13）任课类别

通过显著性水平检验发现，任课类别不同的民办高校教师的职业理想水平存在显著差异（$p=0.001**<0.01$）。

在任课类别的分组比较中，教授通识课程（$M=4.102$）和专业课程（$M=4.084$）的教师的职业理想均值显著高于未任课（$M=3.924$）的教师。

（14）教师身份

通过显著性水平检验发现，不同教师身份的民办高校教师在职业理想水平上存在显著性差异（$p=0.000***<0.001$）。

全职教师（$M=4.095$）的职业理想均值显著高于兼职教师（$M=3.901$）。

3. 结论

整体上，民办高校教师的职业理想水平较高，但仍有19.54%的教师需提升职业理想水平。另外差异性分析发现，民办高校的学校背景特征与教师的个人背景特征对教师的职业理想水平有显著影响。从学校背景特征来看，高校教师的职业理想水平呈现显著的地区、学校层次、办校年限、在校生规模和办学类型差异。东部地区、办学层次为本科、办学年限在21~30年、办学类型为独立学院的民办高校的教师职业理想水平较高。就个人背景特征而言，教师的职业理想水平在年龄、最高受教育程度、任教学科类型、任课门数、收支情况、身份、任课类型方面差异显著。具体而言，31~35岁、学历为本科和硕士、任教学科为艺术类、任教门数在2~4门、年收支持平和略有富余、全职教师、教授通识课程的教师职业理想水平较高。

（三）职业情怀

1. 基本情况

职业情怀是职业情感的重要组成部分，指教师在对教育教学工作进行理智的价值评价过程中的情感体验。[①]职业情怀表现为对教师职业社会价值的高度认同以及为之奋斗的使命感与奉献精神。

民办高校教师的职业情怀水平较高，均值为 4.194，其中 85.77%的教师认为自身的职业情怀水平较高（4~5 分），13.24%认为自身职业情怀水平一般（3 分），仅 0.99%的教师对自身的职业情怀持消极态度（1~2 分）。

2. 差异分析

（1）地区

通过显著性水平检验发现，不同地区民办高校教师的职业情怀水平存在显著差异（$p=0.001**<0.01$）。

在不同地区的分组比较中，东部地区民办高校教师（$M=4.237$）的职业情怀均值显著高于西部地区民办高校教师（$M=4.135$）。中部地区民办高校教师的职业情怀均值最低（$M=4.124$）。

（2）办学层次

通过显著性水平检验发现，办学层次不同的民办高校教师在职业情怀水平上存在显著差异（$p=0.001**<0.01$）。

进一步的分组比较发现，最高办学层次为本科（$M=4.244$）的民办高校教师的职业情怀均值显著高于最高办学层次为专科（$M=4.153$）的民办高校教师，总体上呈现出办学层次越高其教师职业情怀水平越高的趋势。

（3）办学年限

通过显著性水平检验发现，不同办学年限的民办高校教师在职业情怀均值上存在显著差异（$p=0.000***<0.001$）。

进一步的分组比较发现，办学年限为 10 年及以下（$M=4.135$）民办高校教师的职业情怀均值显著低于办学年限为 11~20 年（$M=4.219$）的民办高校的教师。

（4）在校生规模

通过显著性水平检验发现，在校生规模不同的民办高校教师在职业情怀均值上存在显著差异（$p=0.000***<0.001$）。

进一步的分组比较发现，在校生规模为 1 万~2 万人（$M=4.251$）的民办高校教师的职业情怀均值显著高于规模为 2 万~3 万人（$M=4.036$）和 3 万人以上（$M=3.982$）民办高校的教师。

（5）办学类型

通过显著性水平检验发现，不同办学类型的民办高校教师在职业情怀均值上差异显著（$p=0.000***<0.001$）。

[①] 王凤英. 中小学教师职业情感研究[D]. 东北师范大学，2012：27.

独立学院（$M=4.255$）教师的职业情怀均值显著高于普通民办院校（$M=4.161$）教师。

（6）学科专业布局

通过显著性水平检验发现，学科布局特点不同的民办高校教师的职业情怀均值存在显著差异（$p=0.022^*<0.05$）。

学科专业为艺术类（$M=4.305$）的高校教师的职业情怀均值最高，体育类（$M=3.000$）、政法类（$M=3.375$）和民族类（$M=3.875$）民办高校的教师职业情怀均值相对较低。

（7）年龄

通过显著性水平检验发现，不同年龄民办高校教师的职业情怀均值存在显著差异（$p=0.000^{***}<0.001$）。

进一步的分组比较发现，25岁及以下（$M=4.031$）民办高校教师的职业情怀均值显著低于26～30岁（$M=4.177$）、31～35岁（$M=4.271$）和36～40岁（$M=4.247$）三个年龄段的教师。

（8）教龄

通过显著性水平检验发现，不同教龄高校教师的职业情怀均值存在显著差异（$p=0.018^*<0.05$）。

从教11～20年（$M=4.255$）的教师职业情怀均值最高，从教6～10年（$M=4.242$）和21～30年（$M=4.240$）的教师次之，从教31年及以上（$M=4.137$）的教师职业情怀均值最低。

（9）受教育程度

通过显著性水平检验发现，受教育程度不同的民办高校教师的职业情怀均值存在显著差异（$p=0.000^{***}<0.001$）。

进一步的分组比较发现，最高学历为专科及以下（$M=3.940$）的教师的职业情怀均值显著低于最高学历为本科（$M=4.172$）、硕士（$M=4.244$）和博士（$M=4.210$）的教师。总体而言，教师的学历越高，职业情怀水平越高。

（10）职称

通过显著性水平检验发现，不同职称民办高校教师的职业情怀均值存在显著差异（$p=0.006^{**}<0.01$）。

进一步的分组比较发现，中级职称教师（$M=4.172$）的职业情怀均值显著高于无职称教师（$M=4.110$），总体上呈教师职称越高职业情怀均值越高的趋势。

（11）任教学科

通过显著性水平检验发现，教授不同学科类型课程的教师职业情怀均值存在显著差异（$p=0.000^{***}<0.001$）。

进一步的分组比较发现，艺术类教师（$M=4.319$）的职业情怀均值显著高于理工类（$M=4.173$）、经管类（$M=4.152$）、医药类（$M=4.076$）教师。

（12）本学期承担课程门数

通过显著性水平检验发现，本学期承担课程门数不同的教师在职业情怀均值上存在显著差异（p=0.000***<0.001）。

进一步的分组比较发现，本学期承担课程门数为 0 门的教师（M=4.024）的职业情怀均值显著低于授课门数为 1 门（M=4.188）、2 门（M=4.236）、3 门（M=4.222）、4 门（M=4.271）的教师。

（13）单程上班用时

通过显著性水平检验发现，上班单程所花时间不同的教师在职业情怀水平上存在显著差异（p=0.026*<0.05）。

其中，单程时间为 1~2 小时（M=4.232）的教师职业情怀均值最高，单程时间为 0.5 小时以内（M=4.192）和 0.5~1 小时（M=4.205）的教师次之，单程时间为 2 小时以上（M=4.027）的教师职业情怀均值最低。

（14）收支情况

通过显著性水平检验发现，收支情况不同的教师在职业情怀水平上存在显著差异（p=0.023*<0.05）。

进一步的分组比较发现，年收支略有富余（M=4.307）的教师的职业情怀均值显著高于不足（M=4.160）的教师。

（15）职务

通过显著性水平检验发现，担任不同校内所任职务的教师在职业情怀水平上存在显著差异（p=0.007**<0.01）。

进一步的分组比较发现，担任校部中层职务（M=4.364）的教师的职业情怀均值显著高于专职辅导员（M=4.145）。

（16）教师身份

通过显著性水平检验发现，不同教师身份的民办高校教师在职业情怀水平上存在显著差异（p=0.000***<0.001）。

全职教师（M=4.217）的职业情怀均值显著高于兼职教师（M=4.010）。

（17）任课类别

通过显著性水平检验发现，教授课程类别不同的教师在职业情怀水平上存在显著差异（p=0.000**<0.001）。

进一步的分组比较发现，教授专业课程（M=4.199）的教师的职业情怀均值显著高于未任课（M=4.019）教师。

3. 结论

整体上，民办高校教师的职业情怀水平较高，但仍有 14.23% 的教师的职业情怀水平有待提升。由差异分析结果可知，学校背景特征和个人背景特征不同的民办高校教师在职业情怀水平上存在显著差异。就学校背景特征而言，教师的职业情怀呈现显著的地区、办学层次、办学年限、在校生规模、办学类型和学科专业布局差异，东部地区、最高办学层次为本科、办学年限在 11～20 年、在校生规模为 1 万～2 万人、办学类型为独立学院的民办高校教师的职业情怀均值较高。从教师个人背景来看，教师的职业情怀在年龄、教龄、受教育程度、职称、任教所属学科、本学期承担课程门数、单程上班用时、收支情况、教师身份、职务和任课类别等方面差异显著。具体而言，年龄在 26～40 岁、最高学历为硕士或本科、拥有中级职称、教授艺术类课程、任课门数为 1～4 门、年收支略有富余、担任校部中层职务、全职教师身份、教授专业课程的民办高校教师职业情怀均值较高。

（四）自我提升

1. 基本情况

自我提升指教师基于对自身职业创造性特征的理解和正确认知，积极主动地进行自我完善与发展，主要表现为教师的职业发展意识和终身学习精神。[①] 自我提升意识反映教师对教书育人工作的热爱程度，更是教师职业态度的体现。

民办高校教师的自我提升意识较强，均值达到 4.228。89.07% 的教师自我提升意识较强（4～5 分），10.36% 的教师对自身的自我提升意识持中立态度（3 分），仅 0.56% 的教师认为自身的自我提升意识较差（1～2 分）。

2. 差异分析

（1）地区

通过显著性水平检验发现，不同地区民办高校教师的自我提升均值存在显著差异（$p=0.000***<0.001$）。

在地区的分组比较中，东部地区（$M=4.282$）民办高校教师的自我提升均值显著高于中部地区（$M=4.133$）民办高校教师。

（2）校区

通过显著性水平检验发现，校区所在城市不同的民办高校教师的自我提升均值存在显著差异（$p=0.009**<0.01$）。

在校区的分组比较中，一线城市（$M=3.942$）民办高校教师的自我提升均值显著低于省会城市（$M=4.253$）民办高校教师。

（3）办学层次

通过显著性水平检验发现，不同办学层次的民办高校教师的自我提升均值存在显著差异（$p=0.001**<0.01$）。

在办学层次的分组比较中，最高办学层次为本科（$M=4.278$）的民办高校教师的自我提

---

① 王凤英. 中小学教师职业情感研究[D]. 东北师范大学，2012：27.

升均值显著高于最高办学层次为专科（$M=4.188$）的民办高校教师。

（4）办学年限

通过显著性水平检验发现，不同办学年限的民办高校教师自我提升均值存在显著差异（$p=0.000***<0.001$）。

在办学年限的分组比较中，办学年限为21～30年（$M=4.313$）的民办高校教师的自我提升均值显著高于办学年限为10年及以下（$M=4.180$）的民办高校教师；办学年限为31～40年（$M=3.679$）的民办高校教师的自我提升均值显著低于11～20年（$M=4.245$）和21～30年（$M=4.313$）的民办高校教师。

（5）在校生规模

通过显著性水平检验发现，在校生规模不同的民办高校教师的自我提升均值存在显著差异（$p=0.001**<0.01$）。

进一步的分组比较发现，在校生规模为2万～3万人（$M=4.048$）的民办高校教师的自我提升均值显著低于规模为1万人以下（$M=4.232$）和1万～2万人（$M=4.255$）的民办高校教师。

（6）办学类型

通过显著性水平检验发现，不同办学类型民办高校教师的自我提升均值存在显著差异（$p=0.000***<0.001$）。

独立学院（$M=4.288$）教师的自我提升均值显著高于普通民办院校（$M=4.196$）教师。

（7）学科专业布局

通过显著性水平检验发现，学科布局特点不同的民办高校教师的自我提升均值存在显著差异（$p=0.015*<0.05$）。

学科专业为旅游类（$M=4.375$）、艺术类（$M=4.341$）、综合类（$M=4.223$）和语言类（$M=4.202$）的高校教师的自我提升均值较高，体育类（$M=3.000$）、政法类（$M=3.500$）和民族类（$M=4.000$）高校教师的自我提升均值相对较低。

（8）性别

通过显著性水平检验发现，民办高校教师的自我提升均值存在显著的性别差异（$p=0.03*<0.05$）。

男教师（$M=4.261$）的自我提升均值显著高于女教师（$M=4.207$）。

（9）年龄

通过显著性水平检验发现，不同年龄民办高校教师的自我提升均值存在显著差异（$p=0.000***<0.001$）。

进一步的分组比较发现，25岁及以下（$M=4.058$）高校教师的自我提升均值显著低于26～30岁（$M=4.207$）、31～35岁（$M=4.291$）、36～40岁（$M=4.306$）和41～50岁（$M=4.250$）四个年龄段的教师。

（10）教龄

通过显著性水平检验发现，教龄不同的民办高校教师在自我提升方面存在显著差异

（p=0.009**<0.01）。

其中，教龄为 11~20 年（M=4.294）的教师的自我提升均值显著高于教龄为 1~5 年（M=4.193）的教师。

（11）受教育程度

通过显著性水平检验发现，受教育程度不同的民办高校教师在自我提升方面存在显著差异（p=0.000***<0.001）。

进一步的分组比较发现，最高学历为专科及以下（M=3.911）的教师的自我提升均值显著低于最高学历为本科（M=4.197）、硕士（M=4.289）和博士（M=4.310）的教师。总体而言，教师的学历越高，其自我提升均值越高。

（12）职称

通过显著性水平检验发现，不同职称的民办高校教师在自我提升方面存在显著差异（p=0.000***<0.001）。

进一步的分组比较发现，无职称（M=4.122）教师的自我提升均值显著低于初级（M=4.239）、中级（M=4.272）和副高（M=4.272）职称教师，总体上呈现出教师职称越高自我提升均值越高的趋势。

（13）任教学科

通过显著性水平检验发现，教授不同类型学科的民办高校教师在自我提升均值方面存在显著差异（p=0.000***<0.001）。

进一步的分组比较发现，艺术类（M=4.360）教师的自我提升均值显著高于理工类（M=4.223）、文法类（M=4.217）、经管类（M=4.168）和医药类（M=4.111）教师。

（14）本学期承担课程门数

通过显著性水平检验发现，本学期授课门数不同的民办高校教师在自我提升均值上存在显著差异（p=0.000***<0.001）。

进一步的分组比较发现，本学期授课门数为 0 门（M=4.007）的教师的自我提升均值显著低于授课门数为 1 门（M=4.192）、2 门（M=4.277）、3 门（M=4.279）、4 门（M=4.329）的教师。

（15）周课时

通过显著性水平检验发现，每周授课学时不同的民办高校教师的自我提升均值存在显著差异（p=0.002**<0.01）。

进一步的分组比较发现，每周授课学时达 16~30 学时（M=4.277）的教师的自我提升均值显著高于 10 学时以下（M=4.162）的教师。

（16）教师身份

通过显著性水平检验发现，不同教师身份的民办高校教师的自我提升均值存在显著差异（p=0.000***<0.001）。

全职教师（M=4.255）的自我提升均值显著高于兼职教师（M=4.011）。

（17）职务

通过显著性水平检验发现，校内所任职务不同的民办高校教师的自我提升均值存在显著差异（p=0.001**<0.01）。

进一步的分组比较发现，担任校部中层职务（M=4.332）的教师的自我提升均值显著高于专职教师（M=4.239）、专职辅导员（M=4.122）和专职科研人员（M=3.919）。

（18）任课类别

通过显著性水平检验发现，教授不同类别课程的民办高校教师的自我提升均值存在显著差异（p=0.000**<0.001）。

进一步的分组比较发现，教授专业课程的教师的自我提升均值（M=4.242）显著高于未任课教师（M=4.000）。

3. 结论

整体上，民办高校教师的自我提升意识较强，但仍有10.92%的教师的自我提升意识有待增强。由差异分析结果可知，不同的学校背景特征和教师个人背景特征教师在自我提升均值方面差异显著。就学校背景特征而言，教师的自我提升意识呈现显著的地区、校区、办学层次、办学年限、在校生规模和办学类型差异，具体而言，地处东部地区、校区位于省会城市、办学层次为本科、办学年限为11～20年、21～30年、在校生规模为1万人以下、1万～2万人、办学类型为独立学院的民办高校教师自我提升意识较强。从教师个人背景特征来看，教师的自我提升意识呈现显著的性别、年龄、教龄、受教育程度、职称、任教学科、本学期承担课程门数、周课时、教师身份、职务和任课类别差异。具体而言，男性、年龄在26～50岁、教龄为11～20年、最高学历为本科、硕士或博士、职称为初级、中级或副高级、教授艺术类课程、任课门数为1～4门、每周授课16～30学时、全职教师身份、担任校部中层职务、教授专业课程的民办高校教师的自我提升意识更强。

三、民办中小学校教师职业情感

对民办中小学教师的调查发现，88.42%的中小学教师对自身的职业情感持积极态度（4～5分），9.46%的教师认为自身职业情感水平一般（3分），仅有2.12%的教师对自身职业情感持消极态度（1～2分）。具体到各个维度，4个维度均值均高于4.000，其中自我提升维度均值最高，为4.330；职业情怀维度次之，为4.304；职业理想维度均值为4.193；职业认同维度均值最低，为4.064（图5-2）。

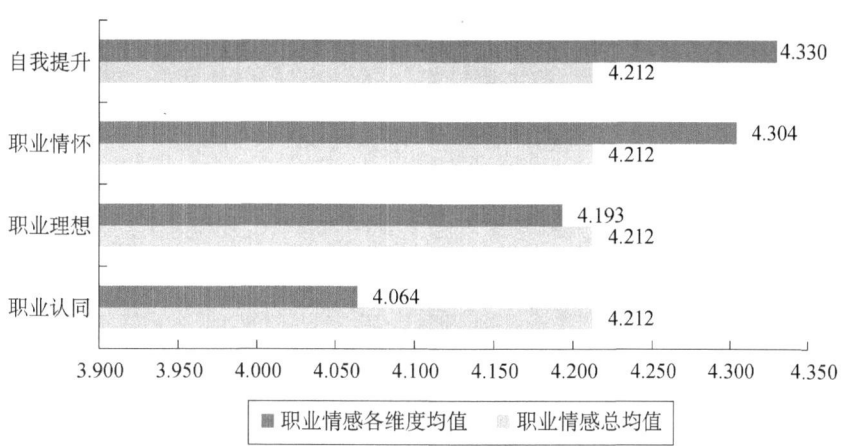

图 5-2 民办中小学教师职业情感及各维度均值图

（一）职业认同

1. 基本情况

民办中小学教师的职业认同程度较高，均值为 4.064，其中 80.34%的中小学教师职业认同程度较高（4~5 分），14.49%的教师职业认同程度一般，仅有 5.17%的教师职业认同程度很低（1~2 分）。

2. 差异分析

（1）地区

通过显著性水平检验发现，不同地区民办中小学教师的职业认同均值存在显著差异（$p=0.000^{***}<0.001$）。

在不同地区的分组比较中，西部地区（$M=4.094$）民办中小学教师的职业认同均值显著高于东部地区（$M=4.015$）。

（2）办学年限

通过显著性水平检验发现，学校办学年限不同的民办中小学教师的职业认同均值存在显著差异（$p=0.000^{***}<0.001$）。

进一步的分组比较发现，办学年限在 21 年及以上的（$M=4.174$）民办中小学教师的职业认同均值显著高于其他办学年限的学校教师，办学年限在 11~15 年（$M=3.966$）的民办中小学教师的职业认同均值显著低于其余年限的学校教师。

（3）办学主体

通过显著性水平检验发现，办学主体不同的民办中小学教师在职业认同方面存在显著差异（$p=0.000^{***}<0.001$）。

在办学主体的分组比较中，混合主体（$M=4.003$）办学民办中小学校教师的职业认同均值显著低于企业/集团（$M=4.060$）和个人（$M=4.100$）办学学校的教师，捐资办学学校的教师职业认同均值最高，为 4.131。

（4）教师身份

通过显著性水平检验发现，不同身份的民办中小学教师在职业认同方面存在显著差异（$p=0.001**<0.01$）。

全职教师（$M=4.069$）的职业认同均值显著高于兼职教师（$M=3.947$）。

（5）受教育程度

通过显著性水平检验发现，受教育程度不同的民办中小学教师的职业认同均值存在显著差异（$p=0.001**<0.01$）。

进一步的分组比较发现，最高学历为专科（$M=4.124$）的民办中小学教师的职业认同均值显著高于最高学历为本科（$M=4.053$）和硕士（$M=4.028$）的教师，最高学历为博士（$M=3.994$）的民办中小学教师的职业认同均值最低，总体上呈学历越高职业认同均值越低的趋势。

（6）职称

通过显著性水平检验发现，职称不同的民办中小学教师职业认同均值存在显著差异（$p=0.000***<0.001$）。

进一步的分组比较发现，职称为小教二级（$M=3.972$）的民办中小学教师的职业认同均值显著低于中教三级（$M=4.153$）与无职称（$M=4.091$）的教师。

（7）任教科目

通过显著性水平检验发现，任教科目不同的民办中小学教师在职业认同方面存在显著差异（$p=0.047*<0.05$）。

在任教科目的分组比较中，音体美科目（$M=4.097$）的任教教师的职业认同均值显著高于其他科目（$M=3.992$）的教师。

（8）本学期承担课程门数

通过显著性水平检验发现，本学期承担课程数不同的民办中小学教师的职业认同均值存在显著差异（$p=0.044*<0.05$）。

本学期仅授 1 门课（$M=4.078$）的教师职业认同均值高于其他教师，任课门数为 4 门（$M=3.969$）的教师职业认同均值低于其他教师。

（9）单程上班用时

通过显著性水平检验发现，上班单程所花时间不同的民办中小学教师的职业认同均值存在显著差异（$p=0.004**<0.01$）。

进一步的分组比较发现，单程时间为 2 小时以上（$M=4.128$）的教师的职业认同均值显著高于单程 1～2 小时（$M=4.008$）的教师。

（10）收支情况

通过显著性水平检验发现，收支情况不同的民办中小学教师的职业认同均值存在显著差异（$p=0.000***<0.001$）。

进一步的分组比较发现，年收支很不足（$M=3.814$）的教师的职业认同均值显著低于其他教师，年收支不足（$M=3.987$）的教师的职业认同均值显著低于收支持平（$M=4.174$）、略有富余（$M=4.216$）和很富余（$M=4.333$）的教师，总体上呈现出年收支越富余职业认同均值越高的趋势。

（11）是否担任班主任

通过显著性水平检验发现，班主任教师与非班主任教师的职业认同均值存在显著差异（$p=0.002**<0.01$）。

班主任教师（$M=4.089$）的职业认同均值显著高于非班主任教师（$M=4.045$）。

3. 结论

整体上，80.34%的民办中小学教师的职业认同程度较高，仍有19.66%的教师的职业认同程度有待增强。根据差异分析结果可知，不同学校背景特征和个人背景特征的民办中小学教师在职业认同方面差异显著。就学校背景特征而言，民办中小学教师的职业认同呈现显著的地区、办学年限和办学主体差异，具体而言，西部地区、办学年限为21年及以上、办学主体为企业/集团和个人的民办中小学教师职业认同程度较高。从教师个人背景特征来看，民办中小学教师的职业认同在身份、最高受教育程度、职称、任教科目、上班单程所花时间、收支情况、是否担任班主任等方面存在显著差异，具体而言，全职教师、最高学历为专科、职称为中教二级或无职称、教授音体美、上班单程所花时间为2小时以上、年收支很富余、略有富余或持平、担任班主任的民办中小学教师职业认同程度较高。

（二）职业理想

1. 基本情况

民办中小学教师的职业理想水平较高，均值达到了4.193，其中88.07%的教师认为自身的职业理想水平较高（4~5分），10.38%的教师持中立态度，仅有1.54%的教师认为自身职业理想水平较低（1~2分）。

2. 差异分析

（1）校区

通过显著性水平检验发现，校区所在城市不同的民办中小学教师的职业理想水平存在显著差异（$p=0.001**<0.01$）。

在校区的分组比较中，省会城市（$M=4.230$）民办中小学教师的职业理想均值显著高于地级市及其他（$M=4.178$）民办中小学教师。

（2）办学年限

通过显著性水平检验发现，学校办学年限不同的民办中小学教师的职业理想水平存在显著差异（$p=0.000***<0.001$）。

进一步的分组比较发现，办学年限为21年及以上（$M=4.284$）的民办中小学教师的职业理想均值显著高于其他办学年限的学校教师；办学年限为11~15年（$M=4.132$）的学校教师的职业理想均值显著低于办学年限为5年及以下（$M=4.204$）和16~20年（$M=4.222$）的学校教师；办学年限为16~20年（$M=4.222$）的学校教师的职业理想均值显著高于办学年限为6~10年（$M=4.142$）的学校教师。

（3）性别

通过显著性水平检验发现，民办中小学教师的职业理想水平存在显著的性别差异（$p=0.015*<0.05$）。

男教师（$M=4.213$）的职业理想均值显著高于女教师（$M=4.180$）。

（4）教师身份

通过显著性水平检验发现，不同教师身份的民办中小学教师的职业理想水平存在显著差异（$p=0.000***<0.001$）。

全职教师（$M=4.201$）的职业理想均值显著高于兼职教师（$M=4.007$）。

（5）任教科目

通过显著性水平检验发现，任教科目不同的民办中小学教师的职业理想水平存在显著差异（$p=0.000***<0.001$）。

在不同任教科目的分组比较中，教授其他科目（$M=4.106$）的教师的职业理想均值显著低于其余类型科目授课教师，音体美科目（$M=4.251$）任教教师的职业理想均值显著高于政史地社类（$M=4.169$）授课教师。

（6）本学期承担课程门数

通过显著性水平检验发现，本学期承担课程门数不同的民办中小学教师的职业理想水平存在显著差异（$p=0.000***<0.001$）。

本学期仅授1门课（$M=4.210$）的教师的职业理想均值显著高于授3门课（$M=4.126$）的教师，教授4门（$M=4.093$）和0门（$M=4.094$）课的教师职业理想水平较低。

（7）周课时

通过显著性水平检验发现，每周授课学时不同的民办中小学教师的职业理想水平存在显著差异（$p=0.040*<0.05$）。

每周授课30学时以上（$M=4.228$）和10~15学时（$M=4.202$）的教师的职业理想均值较高，每周授课10学时以下（$M=4.151$）的教师的职业理想均值较低。

（8）单程上班用时

通过显著性水平检验发现，上班单程所花时间不同的民办中小学教师的职业理想水平存在显著差异（$p=0.029*<0.05$）。

单程时间为2小时以上（$M=4.221$）和0.5小时以下（$M=4.202$）的教师职业理想水平

较高，单程 0.5~1 小时（M=4.177）的教师次之，单程 1~2 小时（M=4.128）的教师职业理想水平较低。

（9）收支情况

通过显著性水平检验发现，收支情况不同的民办中小学教师的职业理想水平存在显著差异（p=0.000***<0.001）。

进一步的分组比较发现，年收支很不足（M=4.082）的教师的职业理想均值显著低于收支不足（M=4.147）、收支持平（M=4.243）和略有富余（M=4.273）的教师；年收支不足（M=4.147）的教师的职业理想均值显著低于收支持平（M=4.243）和略有富余（M=4.273）的教师。

（10）职务

通过显著性水平检验发现，担任不同职务的民办中小学教师在职业理想方面存在显著差异（p=0.000***<0.001）。

在不同职务的分组比较中，担任教务主任的教师的职业理想均值（M=4.335）显著高于普通教师（M=4.180）。

（11）是否担任班主任

通过显著性水平检验发现，班主任教师与非班主任教师的职业理想水平存在显著差异（p=0.048*<0.05）。

班主任教师（M=4.207）的职业理想均值显著高于非班主任教师（M=4.181）。

3. 结论

整体上，88.07%的民办中小学教师的职业理想水平较高，仍有 11.92%的教师的职业理想水平有待提高。由差异分析结果可知，不同学校背景和教师个人背景特征的民办中小学教师在职业理想水平上存在显著差异。从学校背景特征来看，民办中小学教师的职业理想呈现出显著的校区和办学年限差异。具体而言，省会城市、办学年限为 21 年及以上的民办中小学学校的教师职业理想水平较高。从教师个人背景特征来看，民办中小学教师的职业理想在性别、教师身份、任教科目、本学期承担课程门数、收支情况、职务、是否担任班主任等方面存在显著差异，具体而言，男性、全职教师、教授音体美、本学期教授 1 门课程、年收支略有富余或持平、担任教务主任、担任班主任的民办学校中小学教师的职业理想水平较高。

（三）职业情怀

1. 基本情况

民办中小学教师的职业情怀水平较高，均值达到 4.304。92.37%的教师对自身职业情怀持积极态度（4~5 分），6.95%的教师持中立态度（3 分），仅 0.67%的教师对自身职业情怀持消极态度（1~2 分）。

2. 差异分析

（1）校区

通过显著性水平检验发现，校区所在城市不同的民办中小学教师的职业情怀水平存在显著差异（$p=0.028^*<0.05$）。

在不同城市的分组比较中，省会城市（$M=4.333$）民办中小学教师的职业情怀均值显著高于地级市及其他（$M=4.293$）民办中小学教师。

（2）办学年限

通过显著性水平检验发现，所在学校办学年限不同的民办中小学教师的职业情怀水平存在显著差异（$p=0.000^{***}<0.001$）。

进一步的分组比较发现，办学年限在21年及以上（$M=4.387$）的民办中小学校教师的职业情怀均值显著高于其他办学年限学校的教师，办学年限为16~20年（$M=4.321$）的民办中小学校教师的职业情怀均值显著高于6~10年（$M=4.263$）和11~15年（$M=4.255$）的学校教师。

（3）教师身份

通过显著性水平检验发现，不同教师身份的民办中小学教师的职业情怀水平存在显著差异（$p=0.000^{***}<0.001$）。

全职教师（$M=4.312$）的职业情怀均值显著高于兼职教师（$M=4.081$）。

（4）任教科目

通过显著性水平检验发现，任教科目不同的民办中小学教师的职业情怀水平存在显著差异（$p=0.000^{***}<0.001$）。

在不同任教科目的分组比较中，音体美（$M=4.346$）、语数外（$M=4.315$）类授课教师的职业情怀均值显著高于其他科目（$M=4.106$）的教师。

（5）本学期承担课程门数

通过显著性水平检验发现，本学期承担课程门数不同的民办中小学教师的职业情怀水平存在显著差异（$p=0.003^{**}<0.01$）。

本学期教授1门（$M=4.313$）和2门（$M=4.315$）课程的教师的职业情怀均值显著高于教授0门（$M=4.184$）课程的教师。

（6）周课时

通过显著性水平检验发现，每周授课学时不同的民办中小学教师的职业情怀水平存在显著差异（$p=0.001^{**}<0.01$）。

每周授课10学时以下（$M=4.234$）的教师的职业情怀均值显著低于每周授课10~15学时（$M=4.307$）、16~30学时（$M=4.315$）、30学时以上（$M=4.336$）的教师。

（7）收支情况

通过显著性水平检验发现，收支情况不同的民办中小学教师的职业情怀水平存在显著差异（$p=0.000^{***}<0.001$）。

进一步的分组比较发现，年收支很不足（M=4.211）的教师的职业情怀均值显著低于收支不足（M=4.274）、收支持平（M=4.349）和略有富余（M=4.349）的教师；年收支不足（M=4.274）的教师的职业情怀均值显著低于收支持平（M=4.349）和略有富余（M=4.349）的教师。

（8）职务

通过显著性水平检验发现，担任不同职务的民办中小学教师的职业情怀水平存在显著差异（p=0.002**<0.01）。

在不同职务的分组比较中，担任教务主任（M=4.456）的教师的职业情怀均值显著高于普通教师（M=4.294）。

（9）是否担任班主任

通过显著性水平检验发现，班主任教师与非班主任教师的职业情怀水平存在显著差异（p=0.016*<0.05）。

班主任教师（M=4.321）的职业情怀均值显著高于非班主任教师（M=4.289）。

3. 结论

整体上，92.37%的民办中小学教师的职业情怀水平较高，仅有7.63%的教师的职业情怀水平有待提高。由差异分析结果可知，不同学校背景和教师个人背景特征的民办中小学教师在职业情怀水平上存在显著差异。从学校背景特征来看，民办中小学教师的职业情怀呈现显著的校区和办学年限差异，省会城市、办学年限为21年及以上的民办中小学教师职业情怀水平较高。从教师个人背景特征来看，民办中小学教师的职业情怀在教师身份、任教科目、授课门数、周课时、年收支情况、职务、是否担任班主任等方面存在显著差异，全职教师、教授语数外和音体美、本学期教授1～2门课程、每周授课10～30学时、年收支略有富余或持平、担任教务主任、担任班主任的民办中小学教师职业情怀水平较高。

（四）自我提升

1. 基本情况

民办中小学教师的自我提升意识很强，均值为4.330，在职业情感4个维度中均值最高。其中95.01%的教师认为其自我提升意识较强（4～5分），4.53%的教师认为其自我提升意识一般（3分），仅0.46%的教师认为其自我提升意识较弱（1～2分）。

2. 差异分析

（1）地区

通过显著性水平检验发现，不同地区民办中小学教师的自我提升意识存在显著差异（p=0.003**<0.01）。

在不同地区的分组比较中,东部地区（$M=4.358$）民办中小学教师的自我提升均值显著高于西部地区（$M=4.313$）教师。

(2) 校区

通过显著性水平检验发现,民办中小学校区所在位置不同,其教师的自我提升意识存在显著差异（$p=0.000^{***}<0.001$）。

在不同校区的分组比较中,省会城市（$M=4.378$）的民办中小学教师的自我提升均值显著高于地级市及其他（$M=4.313$）民办中小学教师。

(3) 办学年限

通过显著性水平检验发现,办学年限不同的民办中小学教师的自我提升意识存在显著差异（$p=0.000^{***}<0.001$）。

进一步的分组比较发现,办学年限在21年及以上（$M=4.414$）的民办中小学教师的自我提升均值显著高于其他办学年限的学校教师,办学年限为16~20年（$M=4.348$）的学校教师的自我提升均值显著高于6~10年（$M=4.278$）和11~15年（$M=4.293$）办学年限学校的教师。

(4) 在校生规模

通过显著性水平检验发现,在校生规模不同的民办中小学校教师的自我提升意识存在显著差异（$p=0.001^{**}<0.01$）。

在不同规模的分组比较中,在校生规模在3000人以上（$M=4.367$）的中小学校教师的自我提升均值显著高于1000~2000人（$M=4.320$）和1000人以下（$M=4.301$）的学校教师。

(5) 年龄

通过显著性水平检验发现,不同年龄民办中小学教师的自我提升意识存在显著差异（$p=0.019^{*}<0.05$）。

在不同年龄段的分组比较中,61岁及以上（$M=4.071$）的民办中小学教师的自我提升均值显著低于31~35岁（$M=4.343$）和36~40岁（$M=4.345$）教师。

(6) 教师身份

通过显著性水平检验发现,不同教师身份的民办中小学教师的自我提升意识均值存在显著差异（$p=0.000^{***}<0.001$）。

全职教师（$M=4.340$）的自我提升均值显著高于兼职教师（$M=4.076$）。

(7) 受教育程度

通过显著性水平检验发现,受教育程度不同的民办中小学教师的自我提升意识存在显著差异（$p=0.001^{**}<0.01$）。

进一步的分组比较发现,最高学历为专科及以下（$M=4.280$）的教师的自我提升均值显著低于本科（$M=4.339$）和硕士（$M=4.367$）学历教师。

(8) 职称

通过显著性水平检验发现,不同职称的民办中小学教师的自我提升意识存在显著差异（$p=0.011^{*}<0.05$）。

进一步的分组比较发现，职称为中教二级（M=4.371）的教师的自我提升均值显著高于无职称（M=4.310）的教师。

（9）任教科目

通过显著性水平检验发现，不同任教科目教师的自我提升意识存在显著差异（p=0.001**<0.01）。

在不同任教科目的分组比较中，音体美（M=4.361）、语数外（M=4.336）、理化生（M=4.334）和政史地社（M=4.331）类授课教师的自我提升均值显著高于其他科目（M=4.214）的教师。

（10）本学期承担课程门数

通过显著性水平检验发现，本学期承担课程门数不同的民办中小学教师的自我提升意识存在显著差异（p=0.000***<0.001）。

本学期教授1门（M=4.345）和2门（M=4.334）课程的教师的自我提升均值显著高于教授0门（M=4.304）课程的教师，教授1门（M=4.345）课程的教师自我提升均值显著高于教授3门（M=4.272）课程的教师。

（11）周课时

通过显著性水平检验发现，每周授课学时不同的民办中小学教师的自我提升意识存在显著差异（p=0.016*<0.05）。

每周授课10学时以下（M=4.258）的教师的自我提升均值显著低于每周授课10～15学时（M=4.337）、16～30学时（M=4.339）、30学时以上（M=4.361）的教师。

（12）收支情况

通过显著性水平检验发现，收支情况不同的民办中小学教师的自我提升意识存在显著差异（p=0.000***<0.001）。

进一步的分组比较发现，年收支很不足（M=4.269）和不足（M=4.301）的教师的自我提升均值均显著低于收支持平（M=4.362）和略有富余（M=4.374）的教师，总体上呈年收支越富余教师自我提升意识越强的趋势。

3. 结论

整体上，95.01%的民办中小学教师的自我提升意识较强，仅有4.99%的教师的自我提升意识有待加强。由差异分析结果可知，不同学校背景和教师个人背景特征的民办中小学教师在自我提升意识上存在显著差异。从学校背景特征来看，民办中小学教师的自我提升意识呈现显著的地区、校区、办学年限和在校生规模差异。具体而言，东部地区、位于省会城市、办学年限为21年及以上、在校生规模为3000人以上的民办中小学校教师的自我提升意识较强。从教师个人背景特征来看，民办中小学教师的职业情怀在年龄、教师身份、受教育程度、职称、任教科目、本学期承担课程门数、周课时、收支情况方面存在显著差异。具体而言，年龄低于60岁、全职教师、最高学历为本科或硕士、非其他科目教师、教授1～2门课程、每周授课10～30学时、年收支略有富余或持平的民办中小学教师自我提升意识较强。

第六章 教学效能感

> **内容提要**
>
> 本章调查了我国东、中、西部民办高校和民办中小学校教师的教学效能感情况，运用数据和图形展示了民办学校教师教学策略效能感、课堂管理效能感、学生投入效能感的发展情况。

教师教学效能感是教师教育信念的核心成分，不仅直接影响教师的教育教学行为，还显著影响学生的学习和发展。教学效能感水平高的教师主动性和积极性较强，在教学活动中表现出较高的工作投入度和教学热情。增强教师教学效能感是提升教师队伍整体水平和教育教学质量的重要举措。

研究发现：

在民办高校教师样本中，86.68%的民办高校教师对自身效能感持积极态度，在教师效能感均值的课堂管理＞教学策略＞学生投入。来自东部地区、办学年限在21～30年、独立学院、学科以艺术类为主等学校背景特征的民办高校教师在教学效能感各维度上的均值相对较高。具有男性、教龄为21～30年、高学历、教授艺术类课程、本学期承担课程门数为4门、周课时量为16～30课时、领导层等个人背景特征的民办高校教师在教学效能感各维度上的均值相对较高。

在民办中小学教师样本中，93.17%的民办中小学教师对自身效能感持积极态度，在教师效能感均值的课堂管理＞教学策略＞学生投入。来自东部地区、省会城市、小学学段、办学年限在21年以上、办学主体为混合主体、在校生规模在3000人以上的民办中小学教师在教学效能感各维度上的均值相对较高。具有全职教师身份、本校工作年限在11～15年、硕士学历、小教高级职称、任教语数外科目、本学期承担课程门数为1门、周课时量在10～15课时、收支富余、担任教研组长、担任班主任等个人背景特征的民办中小学教师在教学效能感各维度上的均值相对较高。

一、研究综述

（一）核心概念

教师教学效能感（teacher's sense of efficacy），指教师对教育的价值、自身胜任教育工作和促进学生发展等方面能力的自我判断、信念与感受。[①] 教师教学效能感概念包括认知成分和情感成分，反映教师在教育活动中的主体性、积极性和创造性。[②] 教师教学效能感的测量指标为教学策略效能感、课堂管理效能感和学生投入效能感。

（二）相关研究

教师教学效能感是自我效能感（self-efficacy）在教育心理学领域的应用与发展，能具体反映教师教学行为的心理属性和信念水平。基于班杜拉的社会认知理论，教师教学效能感既包含教师对教与学的关系、教育在学生发展中的价值等问题的一般看法，又包含教师对自身促进学生发展的能力的知觉和判断。[③] 已有研究表明，完善的制度支持、学校组织支持、校风学风、职业发展条件、社交关系和师生关系是影响教师教学效能感的重要环境因素。[④] 而教师的个性特质、价值观念、教学经验等是影响教师教学效能感的重要个体因素。

教学效能感为教师自主发展提供内生动力，直接影响教师的教学心态和行为。研究表明，教师教学效能感对教师教学监控能力具有重要影响，效能感水平较高的专家型教师，能够积极主动地计划准备、自我评价、控制和调节教学活动，使教学方法和活动满足学生的需要。[⑤] 同时教师教学效能感对工作压力及职业倦怠有较好的调节作用，效能感水平较高的教师面对职业压力时倾向采取积极的应对方式，能有效地缓解职业倦怠。[⑥] 教师的自我效能感还直接影响教师的教学行为和工作心态，进而对学生的学习信念、学习策略和学习结果等方面产生间接影响。

目前，教师教学效能感的相关研究多聚焦中小学教师群体，对高校教师的关注度较低，鲜有针对民办高校和民办中小学教师群体的研究。新时代教育的发展对民办学校教师的教育信念、教学能力和基本素养提出了更高要求，民办学校应采取有效措施增强教师的自我效能感，建设一支高水平的师资队伍。国家和社会应从政策层面提高民办学校教师的地位、

[①] 庞丽娟，洪秀敏. 教师自我效能感：教师自主发展的重要内在动力机制[J]. 教师教育研究，2005（4）：43-46.
[②] 洪秀敏，庞丽娟. 论教师自我效能感的本质、结构与特征[J]. 教育科学，2006（4）：44-46.
[③] 李晔，刘华山. 教师效能感及其对教学行为的影响[J]. 教育研究与实验，2000（1）：50-55.
[④] 辛涛，申继亮，林崇德. 教师自我效能感与学校因素关系的研究[J]. 教育研究，1994，（10）：16-20.
[⑤] 罗晓路. 专家—新手型教师教学效能感和教学监控能力研究[J]. 心理科学，2000（6）：741-742.
[⑥] 刘毅，吴宇驹，邢强. 教师压力影响职业倦怠：教学效能感的调节作用[J]. 心理发展与教育，2009（1）：108-113.

改善其福利待遇、增强教师的身份认同,[①]为民办教师的专业发展提供社会支持和物质保障。同时,民办学校应重视教师培训活动中教师的主体性,借助相关课程与活动引导教师合理规划职业生涯[②],促进教师之间的合作学习和经验共享,通过对专家学者的观察学习提升教师的教学信心。此外,民办学校应当健全教师评价与反馈系统,引导教师积极主动地反思教学行为,增强教师改进教学的主动性和自觉性。[③]

二、民办高校教师教学效能感

86.68%的民办高校教师对自身效能感持积极态度(4~5 分),12.43%的教师持中立态度(3 分),仅 0.89%的教师持消极态度(1~2 分)。教师教学效能感共包括三个子维度:教学策略效能感、课堂管理效能感、学生投入效能感。在这三个维度中,民办高校教师的课堂管理效能感均值最高,达到 4.147;学生投入效能感均值最低,为 4.050;教学策略效能感均值居中,为 4.130(图 6-1)。

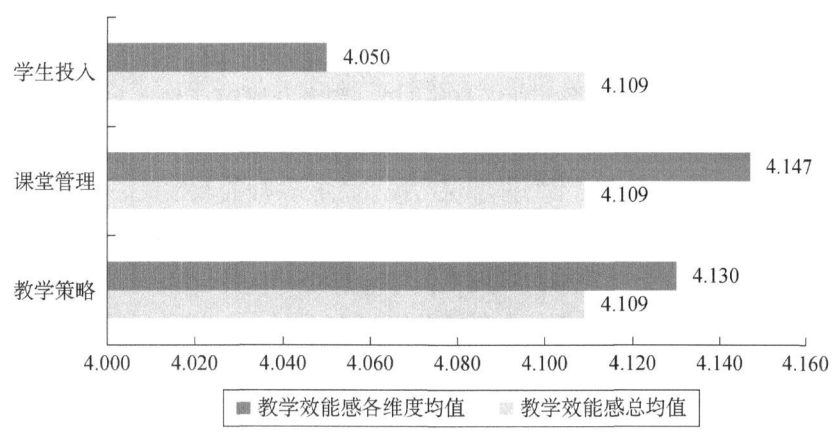

图 6-1 民办高校教师教学效能感各维度均值图

(一)教学策略

1. 基本情况

教师教学策略(teaching strategy)指教师为达成教学目的和完成教学任务,而在对教学活动清晰认识的基础上对教学活动进行调节和控制的一系列执行过程,包括教学方法的选择、教学材料的组织、规范学生行为等[④],教师教学策略效能感指教师对上述能力的自我

---

① 梁晶晶,周海涛. 民办中小学教师合作水平分析[J]. 当代教师教育,2018,11(3):44-48,52.
② 王芳,谭顶良. 中学教师教学效能感的实证研究及其对教师培训的启示[J]. 当代教育科学,2006(17):36-38.
③ 赵亚军. 提高高校教师自我效能感的策略研究[J]. 黑龙江高教研究,2006(10):96-97.
④ 和学新. 教学策略的概念、结构及其运用[J]. 教育研究,2000(12):54-58.

判断与信念。

民办高校教师的教学策略效能感均值为 4.130，在教师教学效能感各维度中均值居中。87.67%的民办高校教师教学策略效能感较强（4～5 分），11.54%的教师教学策略效能感一般（3 分），仅 0.79%的教师教学策略效能感较弱（1～2 分）。

2. 差异分析

（1）地区

通过显著性水平检验发现，不同地区民办高校教师的教学策略效能感存在显著差异（$p=0.000***<0.001$）。

在不同地区的分组比较中，东部地区民办高校教师的教学策略效能感均值（$M=4.208$）明显高于中部地区（$M=4.060$）和西部地区（$M=4.009$）教师。

（2）校区

通过显著性水平检验发现，不同校区民办高校教师的教学策略效能感存在显著差异（$p=0.014*<0.05$）。

在不同校区的分组比较中，一线城市（北上广深）民办高校教师的教学策略效能感均值（$M=3.896$）明显低于地级市及其他（$M=4.112$）和省会城市（$M=4.156$）教师。

（3）办学层次

通过显著性水平检验发现，不同办学层次民办高校教师的教学策略效能感存在显著差异（$p=0.000***<0.001$）。

在不同办学层次的分组比较中，研究生（$M=4.328$）和本科（$M=4.168$）层次民办高校教师的教学策略效能感均值明显高于专科民办高校（$M=4.094$）教师，总体上呈现出办学层次越高，教师的教学策略效能感水平越高的趋势。

（4）办学年限

通过显著性水平检验发现，不同办学年限民办高校教师的教学策略效能感存在显著差异（$p=0.001**<0.01$）。

在不同办学年限的分组比较中，办学年限在 21～30 年的民办高校教师的教学策略效能感均值（$M=4.225$）明显高于其他办学年限的民办高校教师，办学年限为 41 年及以上的教师教学策略效能感均值稍低（$M=3.918$）。

（5）学校类型

通过显著性水平检验发现，不同学校类型民办高校教师的教学策略效能感存在显著差异（$p=0.000***<0.001$）。

在不同学校类型的分组比较中，独立学院教师的教学策略效能感均值（$M=4.180$）明显高于普通民办院校教师（$M=4.103$）。

（6）学科类型

通过显著性水平检验发现，不同学科类型民办高校教师的教学策略效能感存在显著差异（$p=0.000^{***}<0.001$）。

在不同学科类型的分组比较中，艺术类民办高校教师（$M=4.295$）的教学策略效能感均值明显高于其他学科类型教师，体育类教师（$M=3.000$）的教学策略效能感均值稍低。

（7）性别

通过显著性水平检验发现，不同性别民办高校教师的教学策略效能感存在显著差异（$p=0.000^{***}<0.001$）。

在不同性别的分组比较中，民办高校男教师（$M=4.160$）的教学策略效能感均值明显高于女教师（$M=4.110$）。

（8）年龄

通过显著性水平检验发现，不同年龄民办高校教师的教学策略效能感存在显著差异（$p=0.000^{***}<0.001$）。

在不同年龄的分组比较中，对于年龄在 50 岁以下的教师群体，随着年龄的增加，其教学策略效能感均值不断提高，年龄在 41～50 岁的教师群体教学策略效能感均值（$M=4.264$）最高；而对于 50 岁以上的教师群体，随年龄的增长，教学策略效能感均值不断下降，60 岁以上的教师群体教学策略效能感均值有所下降（$M=4.210$）。

（9）教龄

通过显著性水平检验发现，不同教龄民办高校教师的教学策略效能感存在显著差异（$p=0.000^{***}<0.001$）。

在不同教龄的分组比较中，教龄为 21～30 年的教师教学策略效能感均值最高（$M=4.288$）。整体上，教师教学策略效能感均值随教龄的增加不断提高，教龄为 31 年及以上（$M=4.218$）的教师教学策略效能感均值有所下降。

（10）学历

通过显著性水平检验发现，不同学历民办高校教师的教学策略效能感存在显著差异（$p=0.000^{***}<0.001$）。

在不同学历的分组比较中，整体上，随着学历的提升，教学策略效能感均值不断提高，学历为博士的教师教学策略效能感均值最高（$M=4.286$），学历为专科及以下的教师教学策略效能感均值较低（$M=3.794$）。

（11）职称

通过显著性水平检验发现，不同职称民办高校教师的教学策略效能感存在显著差异（$p=0.000^{***}<0.001$）。

在不同职称的分组比较中，副高级教师的教学策略效能感均值最高（$M=4.284$）。整体上，随着职称的提升，教学策略效能感均值不断下降，正高级教师的教学策略效能感均值较低（$M=4.219$）。

（12）任教学科

通过显著性水平检验发现，不同任教学科民办高校教师的教学策略效能感存在显著差异（$p=0.000^{***}<0.001$）。

在不同任教学科的分组比较中，艺术类学科民办高校教师的教学策略效能感均值最高（$M=4.269$），医药类学科教师群体的教学策略效能感均值最低（$M=3.976$）。

（13）本学期承担课程门数

通过显著性水平检验发现，本学期承担不同课程门数的民办高校教师的教学策略效能感存在显著差异（$p=0.000^{***}<0.001$）。

在承担不同课程门数的分组比较中，承担课程门数为 4 门的教师教学策略效能感均值最高（$M=4.237$）。整体上，随着民办高校教师承担课程门数的增多，教学策略效能感均值不断提高，承担 5 门及以上课程的教师的教学策略效能感均值较低（$M=4.188$）。

（14）周课时

通过显著性水平检验发现，不同周课时民办高校教师的教学策略效能感存在显著差异（$p=0.000^{***}<0.001$）。

在承担不同周课时的分组比较中，周课时为 16～30 课时的教师教学策略效能感均值最高（$M=4.184$）。整体上，随着承担周课时数的增多，教师的教学策略效能感均值不断提高，课时为 30 课时以上的教师教学策略效能感均值较低（$M=4.126$）。

（15）单程上班用时

通过显著性水平检验发现，不同单程上班用时的民办高校教师的教学策略效能感存在显著差异（$p=0.019^*<0.05$）。

在不同上班单程所费时间的分组比较中，单程为 1～2 小时的教师的教学策略效能感均值最高（$M=4.161$）。整体上，随着民办高校教师上班单程所费时间的增多，其教学策略效能感均值不断提高，但当上班单程花费时间超过 2 小时，教师教学策略效能感均值却有所下降（$M=4.100$）。

（16）收支情况

通过显著性水平检验发现，不同收支情况民办高校教师的教学策略效能感存在显著差异（$p=0.001^{**}<0.01$）。

在不同收支情况的分组比较中，整体上，民办高校教师收支越富余，其教学策略效能感均值越高，年收入相对年支出很富余的教师教学策略效能感均值最高（$M=4.375$），年收入相对年支出很不足的教师教学策略效能感均值较低（$M=4.141$）。

（17）教师身份

通过显著性水平检验发现，不同教师身份民办高校教师的教学策略效能感存在显著差异（$p=0.000^{***}<0.001$）。

在不同身份的分组比较中，全职教师的教学策略效能感均值（$M=4.152$）高于兼职教师（$M=3.947$）。

（18）职务

通过显著性水平检验发现，不同职务民办高校教师的教学策略效能感存在显著差异

（$p=0.000^{***}<0.001$）。

在不同职务的分组比较中，民办高校校领导（$M=4.351$）、院系领导（$M=4.222$）和校部中层（$M=4.168$）的教学策略效能感均值较高，专职科研人员的教学策略效能感均值最低（$M=3.947$）。

（19）任课类别

通过显著性水平检验发现，不同任课类别的民办高校教师的教学策略效能感存在显著差异（$p=0.000^{***}<0.001$）。

在不同任课类别比较中，专业课程教师的教学策略效能感均值（$M=4.146$）略高于通识课程教师（$M=4.144$），未任课教师的教学策略效能感均值最低（$M=3.965$）。

3. 结论

民办高校教师的教学策略效能感相对较高。在民办高校教师样本中，学校背景特征及个人背景特征对教师的教学策略效能感有显著影响。从学校背景特征来看，民办高校教师的教学策略效能感呈现出显著的地域、城乡、办学层次、办学年限、学校类型和学科类型的差异，东部地区、省会城市、办学层次为研究生、办学年限在21~30年、独立学院、艺术类民办高校教师的教学策略效能感较高。从个人背景特征来看，民办高校教师的教学策略效能感呈现出显著的性别、年龄、教龄、学历、职称、任教学科、本学期承担课程门数、周课时数、上班单程花费时间、收支情况、教师身份、职务和任课类别差异，男性、年龄在41~50岁、教龄在21~30年、高学历、副高级职称、任教艺术类学科、本学期承担课程门数为4门、周课时量为16~30课时、上班单程所费时间为1~2小时、收支富余、全职教师身份、领导层、任教专业课程的民办高校教师教学策略效能感较高。

（二）课堂管理

1. 基本情况

课堂管理是指教师为优化教学活动，采取计划、组织、控制、监督等手段保障课堂教学活动顺利实施的行为。[①]课堂管理效能感指教师相信自己能控制课堂的程度。[②]

民办高校教师的课堂管理效能感均值为4.147，在教师教学效能感各维度中最高。88.91%的民办高校教师课堂管理效能感较强（4~5分），10.24%的教师的课堂管理效能感一般（3分），仅0.85%的教师课堂管理效能感较弱（1~2分）。

---

① 顾明远. 核心素养：课程改革的原动力[J]. 人民教育，2015（13）：17-18.
② Rotter J B. Generalized expectancies for internal versus external control of reinforcement[J]. Psychol Monogr, 1966, 80（1）: 1-28.

2. 差异分析

（1）地区

通过显著性水平检验发现，不同地区民办高校教师的课堂管理效能感存在显著差异（$p=0.000***<0.001$）。

在不同地区的分组比较中，东部地区民办高校教师的课堂管理效能感水平（$M=4.212$）明显高于西部地区（$M=4.058$）和中部地区（$M=4.034$）教师。

（2）办学层次

通过显著性水平检验发现，不同办学层次民办高校教师的课堂管理效能感存在显著差异（$p=0.001**<0.01$）。

在不同办学层次的分组比较中，研究生（$M=4.303$）和本科（$M=4.183$）民办高校教师的课堂管理效能感水平明显高于专科民办高校（$M=4.113$）教师，总体上呈现出办学层次越高，教师课堂管理效能感水平越高的趋势。

（3）办学年限

通过显著性水平检验发现，不同办学年限民办高校教师的课堂管理效能感存在显著差异（$p=0.001**<0.01$）。

在不同办学年限的分组比较中，办学年限在21～30年的民办高校教师的课堂管理效能感水平（$M=4.238$）明显强于其他办学年限的民办高校教师，办学年限在31～40年民办高校教师的教学策略效能感水平稍低（$M=3.946$）。

（4）学校类型

通过显著性水平检验发现，不同学校类型民办高校教师的课堂管理效能感存在显著差异（$p=0.000***<0.001$）。

在不同学校类型的分组比较中，独立学院教师的课堂管理效能感水平（$M=4.195$）明显高于普通民办院校（$M=4.120$）的教师。

（5）学科类型

通过显著性水平检验发现，不同学科类型民办高校教师的课堂管理效能感存在显著差异（$p=0.001**<0.01$）。

在不同学科类型的分组比较中，艺术类为主民办高校教师的课堂管理效能感水平（$M=4.276$）明显高于其他学科类型教师，体育类为主教师的课堂管理效能感水平较低（$M=3.000$）。

（6）性别

通过显著性水平检验发现，不同性别民办高校教师的课堂管理效能感存在显著差异（$p=0.000***<0.001$）。

在不同性别的分组比较中，民办高校男教师的课堂管理效能感水平（$M=4.183$）高于女教师（$M=4.123$）。

(7) 年龄

通过显著性水平检验发现，不同年龄民办高校教师的课堂管理效能感存在显著差异（$p=0.000***<0.001$）。

在不同年龄的分组比较中，40岁以下教师的课堂管理效能感随年龄的增长而不断增强，36～40岁教师群体的课堂管理效能感水平最高（$M=4.244$）；对于40岁以上教师，其课堂管理效能感随着年龄的增长而不断减弱，但60岁以上教师的课堂管理效能感水平（$M=4.238$）又有所提高。

(8) 教龄

通过显著性水平检验发现，不同教龄民办高校教师的课堂管理效能感存在显著差异（$p=0.000***<0.001$）。

在不同教龄的分组比较中，教龄为21～30年的教师的课堂管理效能感水平最高（$M=4.335$）。整体上，随着教龄的增长，民办高校教师的课堂管理效能感水平不断提高，教龄为31年及以上（$M=4.202$）的教师课堂管理效能感水平有所降低。

(9) 学历

通过显著性水平检验发现，不同学历民办高校教师的课堂管理效能感存在显著差异（$p=0.000***<0.001$）。

在不同学历的分组比较中，整体上，随着学历的提升，民办高校教师的课堂管理效能感水平不断提高，学历为博士的教师课堂管理效能感水平最高（$M=4.282$），学历为专科及以下的教师课堂管理效能感水平较低（$M=3.890$）。

(10) 职称

通过显著性水平检验发现，不同职称民办高校教师的课堂管理效能感存在显著差异（$p=0.000***<0.001$）。

在不同职称的分组比较中，整体上，随着民办高校教师职称的提升，其课堂管理效能感水平不断提高，正高职称教师的课堂管理效能感水平最高（$M=4.319$），无职称教师的课堂管理效能感水平较低（$M=4.039$）。

(11) 任教学科

通过显著性水平检验发现，不同任教学科民办高校教师的课堂管理效能感存在显著差异（$p=0.000***<0.001$）。

在不同任教学科的分组比较中，艺术类学科民办高校教师的课堂管理效能感水平最高（$M=4.278$），医药类（$M=3.976$）和农学类（$M=3.976$）学科教师的课堂管理效能感水平较低。

(12) 本学期承担课程门数

通过显著性水平检验发现，本学期承担不同课程门数的民办高校教师的课堂管理效能感存在显著差异（$p=0.000***<0.001$）。

在不同承担课程门数的分组比较中，承担课程门数为4门的教师课堂管理效能感水平最高（M=4.208）。整体上，随着民办高校教师承担课程门数的增多，课堂管理效能感水平不断提高，但承担 5 门及以上课程的教师的课堂管理效能感水平有所下降（M=4.187）。

（13）周课时

通过显著性水平检验发现，不同周课时民办高校教师的课堂管理效能感存在显著差异（p=0.007**<0.01）。

在承担不同周课时的分组比较中，周课时量在 16~30 课时的教师的课堂管理效能感水平最高（M=4.194）。整体上，随着承担周课时数的增多，民办高校教师的课堂管理效能感水平不断提高，但周课时在 30 课时以上的教师的课堂管理效能感水平有所下降（M=4.126）。

（14）收支情况

通过显著性水平检验发现，不同收支情况民办高校教师的课堂管理效能感存在显著差异（p=0.001**<0.01）。

在不同收支情况的分组比较中，整体上，民办高校教师的收支越富余，其课堂管理效能感水平越高，年收入相对年支出很富余的教师课堂管理效能感水平最高（M=4.295）。

（15）教师身份

通过显著性水平检验发现，不同教师身份民办高校教师的课堂管理效能感存在显著差异（p=0.000***<0.001）。

在不同身份的分组比较中，全职教师的课堂管理效能感水平（M=4.163）高于兼职教师（M=4.012）。

（16）职务

通过显著性水平检验发现，不同职务民办高校教师的课堂管理效能感存在显著差异（p=0.000***<0.001）。

在不同职务的分组比较中，民办高校校领导（M=4.333）、院系领导（M=4.298）和校部中层（M=4.217）的课堂管理效能感水平较高，专职科研人员的课堂管理效能感水平最低（M=3.973）。

（17）任课类别

通过显著性水平检验发现，不同任课类别民办高校教师的课堂管理效能感存在显著差异（p=0.002**<0.01）。

在不同任课类别的分组比较中，专业课程教师的课堂管理效能感水平（M=4.1611）略高于通识课程教师（M=4.1610），未任课教师的课堂管理教学策略效能感水平最低（M=3.999）。

3. 结论

民办高校教师的课堂管理效能感相对较高。在民办高校教师样本中，学校背景特征及个人背景特征对教师的课堂管理效能感有显著影响。从学校背景特征来看，民办高校教师的课堂管理效能感呈现出显著的地区、办学层次、办学年限、学校类型和学科类型差异，东部地区、办学层次为研究生、办学年限在 21~30 年、独立学院、艺术类为主的民办高校教师课堂管理效能感水平较高。从个人背景特征来看，民办高校教师的课堂管理效能感水平呈现出显著的性别、年龄、教龄、学历、职称、任教学科、本学期承担课程门数、周课时数、收支情况、教师身份、职务和任课类别的差异，男性、年龄在 36~40 岁、教龄在 21~30 年、高学历、正高级职称、任教艺术类学科、本学期承担课程门数为 4 门、周课时量在 16~30 课时、收支富余、全职教师身份、领导层、任教专业课程的民办高校教师课堂管理效能感水平较高。

（三）学生投入

1. 基本情况

学生投入效能感指教师对自身促进学生参与并获得优质学习结果的能力判断。[①]民办高校教师的学生投入效能感均值为 4.050，在教师教学效能感各维度中最低。83.46%的民办高校教师学生投入效能感较强（4~5 分），15.52%的教师学生投入效能感一般（3 分），仅 1.02%的教师课学生投入效能感较弱（1~2 分）。

2. 差异分析

（1）地区

通过显著性水平检验发现，不同地区民办高校教师的学生投入效能感存在显著差异（$p=0.000***<0.001$）。

在不同地区的分组比较中，东部地区民办高校教师的学生投入效能感水平（$M=4.095$）明显高于中部地区（$M=4.018$）和西部地区（$M=3.979$）教师。

（2）办学年限

通过显著性水平检验发现，不同办学年限民办高校教师的学生投入效能感存在显著差异（$p=0.046*<0.05$）。

在不同办学年限的分组比较中，办学年限在 21~30 年的民办高校教师的学生投入效能感水平（$M=4.133$）明显高于其他办学年限的民办高校教师，办学年限在 31~40 年的民办高校教师学生投入效能感水平（$M=3.920$）稍低。

（3）学科类型

通过显著性水平检验发现，不同学科类型民办高校教师的学生投入效能感存在显著差异（$p=0.000***<0.001$）。

在不同学科类型的分组比较中，师范类为主民办高校教师的学生投入效能感水平（$M=4.193$）明显高于其他学科类型教师，体育类为主民办高校教师的学生投入效能感水平（$M=3.000$）稍低。

---

① Bandura A. Self-efficacy: Toward a unifying theory of behavioral change[J]. Psychol Rev，1977，84（4）：139-151.

(4) 性别

通过显著性水平检验发现，不同性别民办高校教师的学生投入效能感存在显著差异（$p=0.000***<0.001$）。

在不同性别的分组比较中，民办高校男教师的学生投入效能感水平（$M=4.088$）明显高于女教师（$M=4.025$）。

(5) 教龄

通过显著性水平检验发现，不同教龄民办高校教师的学生投入效能感存在显著差异（$p=0.048*<0.05$）。

在不同教龄的分组比较中，教龄为21~30年的教师学生投入效能感水平最高（$M=4.132$），整体上，随着民办高校教师教龄的增加，其学生投入效能感水平不断提高，但教龄为31年及以上（$M=4.040$）的教师学生投入效能感水平又有所下降。

(6) 学历

通过显著性水平检验发现，不同学历民办高校教师的学生投入效能感存在显著差异（$p=0.002**<0.01$）。

在不同学历的分组比较中，整体上，随着民办高校教师学历的提升，其学生投入效能感水平不断提高，博士学历的教师学生投入效能感水平（$M=4.136$）最高，专科及以下学历的教师学生投入效能感水平（$M=3.841$）相对较低。

(7) 职称

通过显著性水平检验发现，不同职称民办高校教师的学生投入效能感存在显著差异（$p=0.042*<0.05$）。

在不同职称的分组比较中，整体上，随着民办高校教师职称的提升学生投入效能感水平不断提高，正高职称教师的学生投入效能感水平（$M=4.194$）最高，无职称教师的学生投入效能感水平（$M=4.001$）相对较低。

(8) 任教学科

通过显著性水平检验发现，不同任教学科民办高校教师的学生投入效能感存在显著差异（$p=0.000***<0.001$）。

在不同任教学科的分组比较中，艺术类学科民办高校教师的学生投入效能感水平（$M=4.206$）最高，文法类学科（$M=3.984$）教师群体的学生投入效能感水平相对较低。

(9) 本学期承担课程门数

通过显著性水平检验发现，本学期承担不同课程门数的民办高校教师学生投入效能感存在显著差异（$p=0.048*<0.05$）。

在不同承担课程门数的分组比较中，承担课程门数为4门的教师学生投入效能感水平最高（$M=4.124$）。整体上，随着民办高校教师承担课程门数的增多，其学生投入效能感水平不断提高，但承担5门及以上课程的教师学生投入效能感水平（$M=4.114$）又有所下降。

（10）周课时

通过显著性水平检验发现，承担不同周课时的民办高校教师的学生投入效能感水平存在显著差异（$p=0.013*<0.05$）。

在承担不同周课时的分组比较中，周课时量在16~30课时的教师学生投入效能感水平最高（$M=4.103$）。整体上，随着民办高校教师承担周课时数的增多，其学生投入效能感水平不断提高，但30课时以上时（$M=4.036$）又有所下降。

（11）职务

通过显著性水平检验发现，不同职务民办高校教师的学生投入效能感水平存在显著差异（$p=0.033*<0.05$）。

在不同职务的分组比较中，民办高校校领导（$M=4.232$）、院系领导（$M=4.1112$）和校部中层（$M=4.153$）的学生投入效能感水平较高，专职科研人员（$M=3.970$）的学生投入效能感水平最低。

3. 结论

民办高校教师的学生投入效能感水平相对较低。在民办高校教师样本中，学校背景特征及个人背景特征对教师的学生投入效能感有显著影响。从学校背景特征来看，民办高校教师的学生投入效能感呈现出显著的地区、办学年限和学科类型的差异，东部地区、办学年限在21~30年、艺术类为主的民办高校教师的学生投入效能感水平较高。从个人背景特征来看，民办高校教师的学生投入效能感呈现出显著的性别、教龄、学历、职称、任教学科、本学期承担课程门数、周课时数和职务的差异，男性、教龄为21~30年、高学历、正高级职称、任教艺术类学科、本学期承担课程门数为4门、周课时量为16~30课时、领导层的民办高校教师的学生投入效能感水平较高。

三、民办中小学教师教学效能感

93.17%的民办中小学教师对自身教学效能感持积极态度（4~5分），6.13%的教师持中立态度（3分），仅0.70%的教师持消极态度（1~2分）。在教学策略、课程管理和学生投入三个维度中，民办中小学教师的课堂管理效能感均值最高，达到了4.270；学生投入效能感均值最低，为4.216；教学策略效能感均值居中，为4.237（图6-2）。

（一）教学策略

1. 基本情况

民办中小学教师的教学策略效能感均值为4.237，在教师教学效能感各维度中均值居

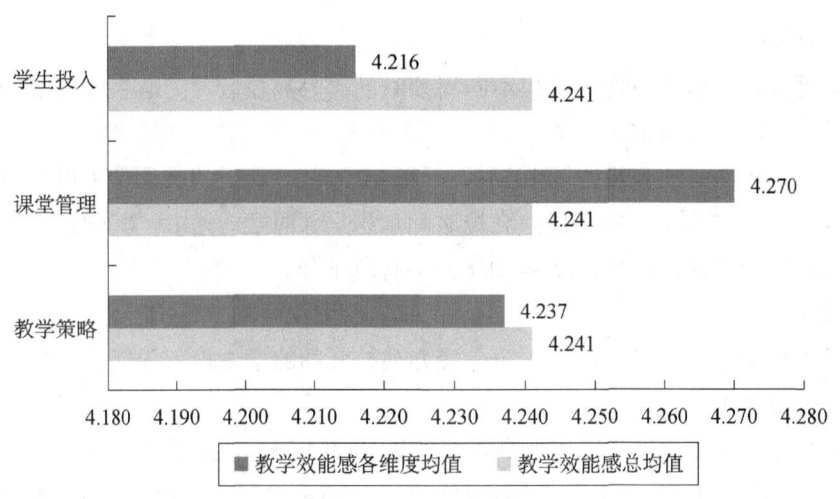

图 6-2 民办中小学教师教学效能感各维度均值图

中。93.12%的民办中小学教师教学策略效能感较强（4~5分），6.13%的教师教学策略效能感一般（3分），仅0.70%的教师教学策略效能感较弱（1~2分）。

2. 差异分析

（1）地区

通过显著性水平检验发现，不同地区民办中小学教师的教学策略效能感存在显著差异（$p=0.000***<0.001$）。

在不同地区的分组比较中，东部地区民办中小学教师的教学策略效能感水平（$M=4.366$）明显高于中部地区（$M=4.259$）和西部地区（$M=4.161$）教师。

（2）校区

通过显著性水平检验发现，不同校区民办中小学教师的教学策略效能感存在显著差异（$p=0.000***<0.001$）。

在不同校区的分组比较中，省会城市（$M=4.370$）民办中小学教师的教学策略效能感水平明显高于一线城市（北上广深）（$M=4.339$）和地级市及其他（$M=4.189$）教师。

（3）学校类型

通过显著性水平检验发现，不同学校类型民办中小学教师的教学策略效能感存在显著差异（$p=0.000***<0.001$）。

在不同学校类型的分组比较中，民办小学（$M=4.290$）和初中（$M=4.243$）教师的教学策略效能感水平明显高于高中教师（$M=4.165$），随着学段的不断提高，教师的教学策略效能感水平不断下降。

（4）办学年限

通过显著性水平检验发现，不同办学年限民办中小学教师的教学策略效能感存在显著差异（$p=0.000***<0.001$）。

在不同办学年限的分组比较中,办学年限为21年及以上的民办中小学教师的教学策略效能感水平（$M=4.302$）明显高于其他办学年限的民办中小学教师,办学年限为6～10年的民办中小学教师教学策略效能感水平（$M=4.146$）稍低。

(5) 办学主体

通过显著性水平检验发现,不同办学主体民办中小学教师的教学策略效能感存在显著差异（$p=0.000***<0.001$）。

在不同办学主体的分组比较中,办学主体为混合主体的民办中小学教师教学的策略效能感水平（$M=4.323$）明显高于其他办学主体的民办中小学教师,办学主体为个人的民办中小学教师教学策略效能感水平稍低（$M=4.180$）。

(6) 在校生规模

通过显著性水平检验发现,不同在校生规模民办中小学教师的教学策略效能感存在显著差异（$p=0.000***<0.001$）。

在不同在校生规模的分组比较中,在校生规模在3000人以上的民办中小学教师的教学策略效能感水平（$M=4.337$）明显高于其他在校生规模的民办中小学教师,在校生规模在1000人以下的民办中小学教师的教学策略效能感水平稍低（$M=4.172$）。

(7) 教师身份

通过显著性水平检验发现,不同教师身份民办中小学教师的教学策略效能感存在显著差异（$p=0.000***<0.001$）。

在不同身份的分组比较中,民办中小学全职教师的教学策略效能感水平（$M=4.249$）明显高于兼职教师教师（$M=3.935$）。

(8) 年龄

通过显著性水平检验发现,不同年龄民办中小学教师的教学策略效能感存在显著差异（$p=0.000***<0.001$）。

在不同年龄的分组比较中,对于年龄在40岁以下的教师群体,随着年龄的增加,其教学策略效能感水平不断提高,36～40岁的教师群体教学策略效能感水平最高（$M=4.332$）;对于40岁以上的教师群体,其教学策略效能感水平随年龄的增长而不断下降,61岁及以上的教师教学策略效能感水平较低（$M=4.241$）。

(9) 教龄

通过显著性水平检验发现,不同教龄民办中小学教师的教学策略效能感存在显著差异（$p=0.000***<0.001$）。

在不同教龄的分组比较中,教龄在21～30年的教师教学策略效能感水平最高（$M=4.343$）。整体上,随着民办中小学教师教龄的加长,其教学策略效能感水平不断提高,但教龄为31年及以上的教师教学策略效能感水平有所下降（$M=4.262$）。

(10) 本校工作年限

通过显著性水平检验发现,不同本校工作年限民办中小学教师的教学策略效能感存在显著差异（$p=0.000^{***}<0.001$）。

在不同本校工作年限的分组比较中，本校工作年限为 11～15 年的教师教学策略效能感水平最高（$M=4.388$）。整体上，随着民办中小学教师本校工作年限的增加，其教学策略效能感水平不断提高，但工作年限为 15 年及以上（$M=4.327$）的教师，其教学策略效能感水平有所下降。

（11）学历

通过显著性水平检验发现，不同学历民办中小学教师的教学策略效能感存在显著差异（$p=0.000^{***}<0.001$）。

在不同学历的分组比较中，硕士学历民办中小学教师的教学策略效能感水平（$M=4.345$）最高，专科及以下学历教师的教学策略效能感水平（$M=4.122$）最低。

（12）职称

通过显著性水平检验发现，不同职称民办中小学教师的教学策略效能感存在显著差异（$p=0.000^{***}<0.001$）。

在不同职称的分组比较中，高级职称教师的教学策略效能感水平（$M=4.415$）最高，无职称教师的教学策略效能感水平（$M=4.141$）最低。

（13）任教科目

通过显著性水平检验发现，不同任教科目民办中小学教师的教学策略效能感存在显著差异（$p=0.000^{***}<0.001$）。

在不同任教科目的分组比较中，民办中小学语数外教师的教学策略效能感水平（$M=4.269$）最高，任其他科目（非语数外、理化生、政史地社、音体美）教师的教学策略效能感水平（$M=3.976$）最低。

（14）本学期承担课程门数

通过显著性水平检验发现，本学期承担不同课程门数的民办中小学教师的教学策略效能感存在显著差异（$p=0.000^{***}<0.001$）。

在不同承担课程门数的分组比较中，承担课程门数为 1 门的教师教学策略效能感水平最高（$M=4.256$），未承担课程的教师教学策略效能感水平最低（$M=3.909$）。整体上，随着承担课程门数的增多，民办中小学教师的教学策略效能感水平不断下降，但承担 5 门及以上课程的教师教学策略效能感水平又有所提高（$M=4.132$）。

（15）周课时

通过显著性水平检验发现，不同周课时民办中小学教师的教学策略效能感存在显著差异（$p=0.000^{***}<0.001$）。

在不同周课时的分组比较中，周课时量为 10～15 课时的教师教学策略效能感水平最高（$M=4.281$），周课时量在 10 课时以下的教师的教学策略效能感水平最低（$M=4.155$）。

（16）收支情况

通过显著性水平检验发现，不同收支情况民办中小学教师的教学策略效能感存在显著差异（$p=0.000^{***}<0.001$）。

在不同收支情况的分组比较中，整体上，民办中小学教师的收支越富余，其教学策略效能感水平越高，年收入相对年支出很富余的教师教学策略效能感水平最高（$M=4.372$），年收入相对年支出很不足的教师教学策略效能感水平相对较低（$M=4.194$）。

（17）职务

通过显著性水平检验发现，不同职务民办中小学教师的教学策略效能感存在显著差异（$p=0.000^{***}<0.001$）。

在不同职务的分组比较中，教研组长（$M=4.334$）和教务主任（$M=4.313$）的教学策略效能感水平较高，正校长的教学策略效能感水平最低（$M=4.169$）。

（18）是否担任班主任

通过显著性水平检验发现，民办中小学班主任教师与非班主任教师的教学策略效能感存在显著差异（$p=0.000^{***}<0.001$）。

在是否担任班主任的分组比较中，班主任教师的教学策略效能感水平（$M=4.258$）明显高于非班主任教师（$M=4.220$）。

3. 结论

民办中小学教师的教学策略效能感水平相对较高。在民办中小学教师样本中，学校背景特征及个人背景特征对教师的教学策略效能感有显著影响。从学校背景特征来看，民办中小学教师的教学策略效能感呈现出显著的地域、城乡、学校类型、办学年限、办学主体和在校生规模的差异，东部地区、省会城市、小学学段、办学年限在21年以上、办学主体为混合主体、在校生规模在3000人以上的民办中小学教师教学策略效能感较高。从个人背景特征来看，民办中小学教师的教学策略效能感呈现出显著的教师身份、年龄、教龄、本校工作年限、学历、职称、任教科目、本学期承担课程门数、周课时数、收支情况、职务和是否担任班主任的差异，全职教师身份、年龄在36～40岁、教龄在21～30年、本校工作年限在11～15年、硕士学历、小教高级职称、任教语数外科目、本学期承担课程门数为1门、周课时量在10～15课时、收支富足、担任教研组长、担任班主任的民办中小学教师教学策略效能感较高。

（二）课堂管理

1. 基本情况

课堂管理是指教师为了更多地组织课堂教学或开展教学活动，通过计划、组织、控制、监督等手段保障课堂教学活动的顺利实施。[1] 课堂管理效能感是指教师相信自己能控制课

---

[1] 顾明远. 核心素养：课程改革的原动力[J]. 人民教育，2015（13）：17-18.

堂的程度。① 中小学教师对自己保持课堂秩序、组织课堂活动的信心越高，越能营造融洽的课堂学习氛围，增强课堂教学的有效性。

民办中小学教师的课堂管理效能感均值为 4.270，在教师教学效能感各维度中均值最高。94.41%的民办中小学教师课堂管理效能感较强（4～5分），4.90%的教师课堂管理效能感一般（3分），仅0.69%的教师课堂管理效能感较弱（1～2分）。

2. 差异分析

（1）地区

通过显著性水平检验发现，不同地区民办中小学教师的课堂管理效能感存在显著差异（p=0.000***<0.001）。

在不同地区的分组比较中，东部地区民办中小学教师的课堂管理效能感水平（M=4.365）明显高于中部地区（M=4.282）和西部地区（M=4.214）教师。

（2）校区

通过显著性水平检验发现，不同校区民办中小学教师的课堂管理效能感存在显著差异（p=0.000***<0.001）。

在不同校区的分组比较中，省会城市（M=4.375）民办中小学教师的课堂管理效能感水平明显高于一线城市（北上广深）（M=4.318）和地级市及其他（M=4.235）教师。

（3）学校类型

通过显著性水平检验发现，不同学校类型民办中小学教师的课堂管理效能感存在显著差异（p=0.000***<0.001）。

在不同学校类型的分组比较中，小学（M=4.310）和初中（M=4.275）民办中小学教师的课堂管理效能感水平明显高于高中教师（M=4.215），随着学段的不断提高，教师的课堂管理效能感水平不断下降。

（4）办学年限

通过显著性水平检验发现，不同办学年限民办中小学教师的课堂管理效能感存在显著差异（p=0.000***<0.001）。

在不同办学年限的分组比较中，办学年限在21年及以上的民办中小学教师的课堂管理效能感水平（M=4.324）明显高于其他办学年限的民办中小学教师，办学年限为6～10年的民办中小学教师课堂管理效能感水平最低（M=4.195）。

（5）办学主体

通过显著性水平检验发现，不同办学主体民办中小学教师的课堂管理效能感存在显著差异（p=0.000***<0.001）。

在不同办学主体的分组比较中，办学主体为混合主体的民办中小学教师的课堂管理效

---

① Rotter J B. Generalized expectancies for internal versus external control of reinforcement[J]. Psychol Monogr, 1966, 80（1）: 1-28.

能感水平（M=4.329）明显高于其他办学主体的民办中小学教师,办学主体为个人的民办中小学教师课堂管理效能感水平最低（M=4.242）。

（6）在校生规模

通过显著性水平检验发现,不同在校生规模的民办中小学教师的课堂管理效能感存在显著差异（p=0.000***<0.001）。

在不同在校生规模的分组比较中,在校生规模在3000人以上的民办中小学教师的课堂管理效能感水平（M=4.341）明显高于其他在校生规模的民办中小学教师,在校生规模在1000人以下的民办中小学教师的课堂管理效能感水平（M=4.222）稍低。

（7）教师身份

通过显著性水平检验发现,不同教师身份民办中小学教师的课堂管理效能感存在显著差异（p=0.000***<0.001）。

在不同身份的分组比较中,民办中小学全职教师的课堂管理效能感水平（M=4.281）明显高于兼职教师（M=3.988）。

（8）年龄

通过显著性水平检验发现,不同年龄民办中小学教师的课堂管理效能感存在显著差异（p=0.000***<0.001）。

在不同年龄的分组比较中,对于年龄在50岁以下的教师群体,随着年龄的增长,其课堂管理效能感水平不断提高,41～50岁的教师群体课堂管理效能感水平最高（M=4.348）;而对于50岁以上的教师群体,课堂管理效能感水平随年龄的增长而下降,61岁及以上的教师群体课堂管理效能感水平较低（M=4.185）。

（9）教龄

通过显著性水平检验发现,不同教龄民办中小学教师的课堂管理效能感存在显著差异（p=0.000***<0.001）。

在不同教龄的分组比较中,教龄在21～30年的教师课堂管理效能感水平最高（M=4.381）。整体上,随着教龄的增加,民办中小学教师的课堂管理效能感水平不断提高,教龄为31年及以上的教师的课堂管理效能感水平有所下降（M=4.285）。

（10）本校工作年限

通过显著性水平检验发现,不同本校工作年限民办中小学教师的课堂管理效能感存在显著差异（p=0.000***<0.001）。

在不同本校工作年限的分组比较中,本校工作年限在11～15年的教师课堂管理效能感水平最高（M=4.404）。整体上,随着本校工作年限的增加,民办中小学教师的课堂管理效能感水平不断提高,但工作年限为15年及以上的教师的课堂管理效能感水平有所下降（M=4.367）。

（11）学历

通过显著性水平检验发现,不同学历民办中小学教师的课堂管理效能感存在显著差异

（$p=0.000^{***}<0.001$）。

在不同学历的分组比较中，硕士学历民办中小学教师的课堂管理效能感水平最高（$M=4.321$），博士学历教师的课堂管理效能感水平最低（$M=4.074$）。

（12）职称

通过显著性水平检验发现，不同职称民办中小学教师的课堂管理效能感存在显著差异（$p=0.000^{***}<0.001$）。

在不同职称的分组比较中，民办中小学小教高级教师群体的课堂管理效能感水平最高（$M=4.424$），无职称教师的课堂管理效能感水平最低（$M=4.186$）。

（13）任教科目

通过显著性水平检验发现，不同任教科目民办中小学教师的课堂管理效能感存在显著差异（$p=0.000^{***}<0.001$）。

在不同任教科目的分组比较中，民办中小学语数外教师的课堂管理效能感水平最高（$M=4.305$），任其他科目（非语数外、理化生、政史地社、音体美）教师的课堂管理效能感水平较低（$M=4.068$）。

（14）本学期承担课程门数

通过显著性水平检验发现，本学期承担课程门数不同的民办中小学教师的课堂管理效能感存在显著差异（$p=0.000^{***}<0.001$）。

在不同承担课程门数的分组比较中，承担课程门数为 1 门的教师课堂管理效能感水平最高（$M=4.285$），未承担课程的教师课堂管理效能感水平最低（$M=3.983$），整体上，随着民办中小学教师承担课程门数的增多，其课堂管理效能感水平不断下降，承担 5 门及以上时课堂管理效能感又有所提高（$M=4.176$）。

（15）周课时

通过显著性水平检验发现，承担不同周课时民办中小学教师的课堂管理效能感存在显著差异（$p=0.000^{***}<0.001$）。

在不同周课时的分组比较中，周课时量为 10～15 课时的教师课堂管理效能感水平最高（$M=4.310$），周课时量在 10 课时以下的教师的课堂管理效能感水平最低（$M=4.181$）。

（16）收支情况

通过显著性水平检验发现，不同收支情况民办中小学教师的课堂管理效能感存在显著差异（$p=0.000^{***}<0.001$）。

在不同收支情况的分组比较中，整体上，收支越富余的民办中小学教师，其课堂管理效能感水平越高；收支很富余的教师群体的课堂管理效能感水平最高（$M=4.372$），年收入相对年支出很不足的教师群体课堂管理效能感水平较低（$M=4.223$）。

（17）职务

通过显著性水平检验发现，不同职务民办中小学教师的课堂管理效能感存在显著差异（$p=0.000^{***}<0.001$）。

在不同职务的分组比较中,教研组长（M=4.372）和教务主任（M=4.361）的课堂管理效能感水平较高,担任其他职务的教师课堂管理效能感水平较低（M=4.169）。

（18）是否担任班主任

通过显著性水平检验发现,民办中小学班主任教师与非班主任教师的课堂管理效能感存在显著差异（p=0.000***<0.001）。

在是否担任班主任的分组比较中,班主任教师的课堂管理效能感水平（M=4.311）明显高于非班主任教师（M=4.236）。

3. 结论

民办中小学教师的课堂管理效能感水平相对较高。在民办中小学教师样本中,学校背景特征及个人背景特征对教师的课堂管理效能感有显著影响。从学校背景特征来看,民办中小学教师的课堂管理效能感呈现出显著的地域、城乡、学校类型、办学年限、办学主体和在校生规模的差异,东部地区、省会城市、小学学段、办学年限在21年以上、办学主体为混合主体、在校生规模在3000人以上的民办中小学教师课堂管理效能感较高。从个人背景特征来看,民办中小学教师的课堂管理效能感呈现出显著的教师身份、年龄、教龄、本校工作年限、学历、职称、任教科目、本学期承担课程门数、周课时数、收支情况、职务和是否担任班主任的差异,全职教师身份、年龄为41~50岁、教龄为21~30年、本校工作年限在11~15年、硕士学历、小教高级职称、任教语数外科目、本学期承担课程门数为1门、周课时量为10~15课时、收支很富余、担任教研组长、担任班主任的民办中小学教师课堂管理效能感较高。

（三）学生投入

1. 基本情况

民办中小学教师的学生投入效能感均值为4.216,在教师教学效能感各维度中均值最低。91.98%的民办中小学教师学生投入效能感较强（4~5分）,7.38%的教师学生投入效能感一般（3分）,仅0.64%的教师学生投入效能感较弱（1~2分）。

2. 差异分析

（1）地区

通过显著性水平检验发现,不同地区民办中小学教师的学生投入效能感存在显著差异（p=0.000***<0.001）。

在不同地区的分组比较中,东部地区民办中小学教师的学生投入效能感水平（M=4.326）明显高于中部地区（M=4.236）和西部地区（M=4.152）教师。

（2）校区

通过显著性水平检验发现，不同校区民办中小学教师的学生投入效能感存在显著差异（$p=0.000^{***}<0.001$）。

在不同校区的分组比较中，省会城市（$M=4.336$）民办中小学教师的学生投入效能感水平明显高于一线城市（北上广深）（$M=4.311$）和地级市及其他（$M=4.174$）教师。

（3）学校类型

通过显著性水平检验发现，不同学校类型民办中小学教师的学生投入效能感存在显著差异（$p=0.000^{***}<0.001$）。

在不同学校类型的分组比较中，民办小学（$M=4.262$）和初中（$M=4.222$）教师的学生投入效能感水平明显高于高中教师（$M=4.154$），随着学段的不断提高，民办中小学教师的学生投入效能感水平不断下降。

（4）办学年限

通过显著性水平检验发现，不同办学年限民办中小学教师的学生投入效能感存在显著差异（$p=0.000^{***}<0.001$）。

在不同办学年限的分组比较中，办学年限在21年及以上的民办中小学教师的学生投入效能感水平（$M=4.276$）明显高于其他办学年限的民办中小学教师，办学年限为6～10年的民办中小学教师学生投入效能感水平最低（$M=4.132$）。

（5）办学主体

通过显著性水平检验发现，不同办学主体民办中小学教师的学生投入效能感存在显著差异（$p=0.000^{***}<0.001$）。

在不同办学主体的分组比较中，办学主体为混合主体的民办中小学教师的学生投入效能感水平（$M=4.283$）明显高于其他办学主体的民办中小学教师，办学主体为个人的民办中小学教师学生投入效能感水平最低（$M=4.169$）。

（6）在校生规模

通过显著性水平检验发现，不同在校生规模的民办中小学教师的学生投入效能感存在显著差异（$p=0.000^{***}<0.001$）。

在不同在校生规模的分组比较中，在校生规模在3000人以上的民办中小学教师的学生投入效能感水平（$M=4.304$）明显高于其他在校生规模的民办中小学教师，在校生规模在1000人以下的民办中小学教师的学生投入效能感水平（$M=4.155$）稍低。整体上，在校生规模越大，教师的学生投入效能感水平越高。

（7）教师身份

通过显著性水平检验发现，不同教师身份民办中小学教师的学生投入效能感存在显著差异（$p=0.000^{***}<0.001$）。

在不同身份的分组比较中，民办中小学全职教师的学生投入效能感水平（$M=4.227$）明显高于兼职教师（$M=3.961$）。

(8) 年龄

通过显著性水平检验发现，不同年龄民办中小学教师的学生投入效能感存在显著差异（$p=0.000***<0.001$）。

在不同年龄的分组比较中，对于年龄在 40 岁以下的教师群体，随着年龄的增长，其学生投入效能感水平不断提高，36～40 岁的教师群体学生投入效能感水平（$M=4.292$）最高；而对于 40 岁以上的教师群体，学生投入效能感水平随年龄的增长不断下降，61 岁及以上的教师群体学生投入效能感水平（$M=4.080$）相对较低。

(9) 教龄

通过显著性水平检验发现，不同教龄民办中小学教师的学生投入效能感存在显著差异（$p=0.000***<0.001$）。

在不同教龄的分组比较中，教龄为 11～20 年的教师的学生投入效能感水平最高（$M=4.297$）。整体上，对于教龄为 20 年以下的教师群体，随着教龄的增加，其学生投入效能感水平不断提高；而对于教龄为 20 年以上的教师群体，其学生投入效能感水平随教龄的增加不断下降。

(10) 本校工作年限

通过显著性水平检验发现，不同本校工作年限民办中小学教师的学生投入效能感存在显著差异（$p=0.000***<0.001$）。

在不同本校工作年限的分组比较中，本校工作年限在 11～15 年的教师的学生投入效能感水平最高（$M=4.331$）。整体上，随着本校工作年限的增加，民办中小学教师的学生投入效能感水平不断提高，工作年限为 15 年及以上的教师的学生投入效能感水平有所下降（$M=4.305$）。

(11) 学历

通过显著性水平检验发现，不同学历民办中小学教师的学生投入效能感存在显著差异（$p=0.000***<0.001$）。

在不同学历的分组比较中，硕士学历教师的学生投入效能感水平最高（$M=4.316$），专科及以下学历教师的学生投入效能感水平最低（$M=4.105$）。

(12) 职称

通过显著性水平检验发现，不同职称民办中小学教师的学生投入效能感存在显著差异（$p=0.000***<0.001$）。

在不同职称的分组比较中，小教高级教师群体的学生投入效能感水平最高（$M=4.366$），无职称教师的学生投入效能感水平最低（$M=4.139$）。

(13) 任教科目

通过显著性水平检验发现，不同任教科目民办中小学教师的学生投入效能感存在显著差异（$p=0.000***<0.001$）。

在不同任教科目的分组比较中，语数外教师的学生投入效能感水平最高（$M=4.235$），其他科目（非语数外：理化生、政史地社、音体美）教师的学生投入效能感水平较低（M=4.060）。

（14）本学期承担课程门数

通过显著性水平检验发现，本学期承担不同课程门数的民办中小学教师的学生投入效能感存在显著差异（p=0.000***<0.001）。

在不同承担课程门数的分组比较中，承担课程门数为 1 门的教师的学生投入效能感水平最高（M=4.237），未承担课程的教师学生投入效能感水平最低（M=3.936）。整体上，随着民办中小学教师承担课程门数的增多，其学生投入效能感水平不断下降，而承担 5 门及以上课程的教师，其学生投入效能感水平又有所提升（M=4.114）。

（15）周课时

通过显著性水平检验发现，承担不同周课时的民办中小学教师的学生投入效能感存在显著差异（p=0.000***<0.001）。

在不同周课时的分组比较中，周课时量为 10～15 课时的教师学生投入效能感水平最高（M=4.256），周课时量在 10 课时以下的教师学生投入效能感水平最低（M=4.144）。

（16）收支情况

通过显著性水平检验发现，不同收支情况民办中小学教师的学生投入效能感存在显著差异（p=0.000***<0.001）。

在不同收支情况的分组比较中，整体上，教师收支越富余，其学生投入效能感水平越高，年收支很富余的教师群体的学生投入效能感水平最高（M=4.378），年收支很不足的教师群体的学生投入效能感水平相对较低（M=4.173）。

（17）职务

通过显著性水平检验发现，不同职务民办中小学教师的学生投入效能感存在显著差异（p=0.000***<0.001）。

在不同职务的分组比较中，教务主任（M=4.306）和教研组长（M=4.297）的学生投入效能感水平较高，正校长的学生投入效能感水平最低（M=4.176）。

（18）是否担任班主任

通过显著性水平检验发现，民办中小学班主任教师与非班主任教师的学生投入效能感存在显著差异（p=0.000***<0.001）。

在是否担任班主任的分组比较中，班主任教师的学生投入效能感水平（M=4.238）明显高于非班主任教师（M=4.198）。

3. 结论

民办中小学教师的学生投入效能感水平相对较低。在民办中小学教师样本中，学校背景特征及个人背景特征对教师的学生投入效能感有显著影响。从学校背景特征来看，民办中小学教师的学生投入效能感呈现出显著的地域、校区、学校类型、办学年限、办学主体和在校生规模的差异，东部地区、省会城市、小学学段、办学年限在 21 年及以上、办学主体为混合主体、在校生规模在 3000 人以上的民办中小学教师的学生投入效能感水平较高。从个人背景特征来看，民办中小学教师的学生投入效能感呈现出显著的教师身份、年龄、教龄、本校工作年限、学历、职称、任教科目、本学期承担课程门数、周课时数、收支情况、职务和是否担任班主任的差异，全职教师身份、年龄在 36～40 岁、教龄为 11～20 年、本校工作年限为 11～15 年、硕士学历、小教高级职称、任教语数外科目、本学期承担课程门数为 1 门、周课时量在 10～15 课时、收支很富余、担任教务主任、担任班主任的民办中小学教师学生投入效能感水平较高。

第三部分

民办学校学生发展报告

第七章 职业生涯素养

> **内容提要**
>
> 本章调查了我国东、中、西部民办高校和民办中小学校学生的职业生涯素养情况，运用数据和图形展示了民办学校学生在生涯关注、生涯控制、生涯好奇、生涯自信及生涯调适方面的发展情况。

学生职业生涯素养是学生职业生涯发展必备素养。近年来，随着科学技术的发展和全球经济形势的变化，职场生涯的不确定性不断增加，学生越来越需要为自身的职业未来负责，无论是为了顺应新形势下的职业发展要求，还是配合学生的个性发展，进一步提高学生职业生涯发展所需的能力和素质，培养学生在生涯发展过程中的主体性都是必要举措。

研究发现：

在民办高校学生样本中，63.58%的民办高校学生对职业生涯素养持积极态度，职业生涯素养各维度均值的高低排序为：生涯控制>生涯好奇>生涯调适>生涯关注>生涯自信。总体来说，来自东部地区、一线城市（北上广深）、办学层次为研究生和本科、在校生规模在3万人以上、独立学院、学科以艺术类、体育类为主等学校背景特征的民办高校学生在职业生涯素养各维度上的均值相对较高。具有男生、独生子女、城市、收支越富余、父母学历越高、就读文法类专业、第一志愿、有学生干部经历、有创业经历、成绩排名靠前等个人背景特征的民办高校学生在职业生涯素养各维度上的均值相对较高。

在民办中小学学生样本中，76.24%的民办中小学学生对自身职业生涯素养持积极态度，职业生涯素养各维度的均值高低排序为：生涯调适>生涯控制>生涯好奇>生涯自信>生涯关注。从个人背景特征看，民办中小学学生职业生涯素养呈现出较显著的性别、是否独生子女、住宿、家庭收入、父母学历、成绩排名、课外培训班、培训班类型、培训班意愿差异，男生、独生子女、住学校宿舍、家庭收支富余、父母学历高、成绩排名靠前、一直在上两类课外培训班、主动上培训班的民办中小学学生的职业生涯素养更高。

一、研究综述

(一) 核心概念

生涯（career development）：苏伯（Super）等学者认为，生涯整合了个人生活和工作中的各种角色，是人生各种事件的方向和历程的总称，由于个体差异的存在，生涯具有个人独特性，呈现出不同的发展形态。[1] 综合相关学者的定义，本报告中的生涯指个体在学习、生活和工作等各方面的活动和经验，生涯发展作为连续不断的历程跨越整个人生，个体在此过程中逐渐塑造出独特的生活形态。[2]

职业生涯素养（career literacy）：根据生涯的定义和生涯建构理论[3]，本报告中的职业生涯素养指个体根据智能、性向、价值的自我认知和对社会生活与职业的了解，规划未来职业人生的能力，以及为未来职业人生发展自觉努力、主动学习的意识与实践过程，包括生涯关注（career concern）、生涯控制（career control）、生涯好奇（career curiosity）、生涯自信（career confident）及生涯调适（career adaptability）5个维度。

(二) 相关研究

信息技术革命和经济全球化的发展加剧了组织外部环境的不确定性，高度灵活的短期雇佣方式逐步替代稳定安全的传统雇佣关系[4]，工作场所的内部动荡更使得个人职业发展复杂化[5]，社会职业的属性和分类不再一成不变，灵活性和适应性较强的员工受到市场的欢迎。[6] 同时，多元化、无边界的新兴职业生涯理论认为，在新时代，主导职业发展的是个人而非组织。相对于遵循组织的需要，个体更倾向基于自身职业发展目标选择雇主或工作，更有甚者为满足内在需求甘愿在不同组织间频繁流动。[7] 这是个体从遵循社会和职业规范向注重自我职业发展规划延伸的转变过程。

在职业生涯素养内涵研究中，生涯适应力是重要的落脚点。生涯适应力指个体应对不

---

[1] Super D E, Jordaan J P. Career development theory[J]. Applied Psychology, 2010, 26 (2): 107-114.
[2] 林幸台, 田秀兰, 张小凤, 等.生涯辅导[M]. 台北: 心理出版社, 2010: 9.
[3] Super D E, & Knasel E G. Career development in adulthood: Some theoretical problems and a possible solution[J]. British Journal of Guidance and Counselling, 1981, 9 (2): 194-201.
[4] Feldman D C, & Ng T W H. Careers: Mobility, embeddedness, and success[J]. Journal of Management, 2007, 33 (3), 350-377.
[5] Eby L T, Butts M, & Lockwood A. Predictors of success in the era of the boundaryless career[J]. Journal of Organizational Behavior, 2003, 24 (6), 689-708.
[6] Klehe U C, Zikic J, & van Vianen A E M, et al. Career adaptability, turnover and loyalty during organizational downsizing[J]. Journal of Vocational Behavior, 2011, 79 (1), 217-229.
[7] Briscoe J P, & Hall D T. The interplay of boundaryless and protean careers: Combinations and implications[J]. Journal of Vocational Behavior, 2006, 69 (1), 4-18.

同工作任务及角色转变时自我调整的准备状态或社会心理资源。[①]生涯适应力体现了个体在生涯发展过程中应对外部挑战的核心能力。[②]关联职业适应性与其他职业因素可发现，可雇佣性（就业能力）与生涯适应力显著正相关。[③]生涯适应力和职业认同是信息社会中个体生涯建构的重要元能力。[④]相反，适应力和主观职业障碍的变化趋势则相反。[⑤]已有研究表明，生涯适应能力强的个体更频繁表现出主动参与生涯规划的积极行为[⑥]，此类群体具有努力争取并珍惜自我提升机会[⑦]、积极面对生涯发展挫折等特征[⑧]，可见，在个体职业发展和社会互动过程中，生涯适应力更多地表现为一种正向社会心理资本。

在生涯教育研究方面，20世纪末到21世纪初，萨维卡斯（Savickas）等生涯心理学家提出，应在更加包容和统一的框架下探讨个体生涯的发展规律，让理论更好地为生涯教育及生涯咨询实践服务。[⑨]在此基础上，麦卡麦霍恩（McMahon）和帕特（Patton）提出了有关生涯发展和咨询的理论框架——系统理论框架（systems theory framework），明晰了相关概念与生涯发展和咨询的理论联系。在该理论框架中，人处于核心位置，在内容因素和过程因素的相互嵌套中构建生涯意义。内容因素包括个人系统（年龄、性别、人格、价值观等）、人际社会系统以及环境社会系统。[⑩]我国的生涯教育起步较晚，相关理论研究主要借鉴西方，生涯教育实践环节尚存在生涯教育任务和目标不明确，活动安排缺乏系统性，学校内外资源整合效果欠佳，缺乏有效的生涯教育评估工具等诸多问题。[⑪]

---

① Savickas M L. Career adaptability: An integrativeconstruct for life-span, life-space theory[J]. Career Development Quarterly, 1997, 45（3）: 247-259.

② Hou C N, Wu L, & Liu Z J. Effect of proactive personality and decision-making self-efficacy on career adaptability among Chinese graduates[J]. Social Behavior and Personality: An International Journal, 2014, 42（6）: 903-912.

③ De Guzman A B, & Choi K O. The relations of employability skills to career adaptability among technical school students[J]. Journal of Vocational Behavior, 2013, 82（3）: 199-207.

④ Porfeli E J, & Savickas M L. Career adapt-abilitiesscale-USA form: Psychometric properties and relation to vocational identity[J]. Journal of Vocational Behavior, 2012, 80（3）: 748-753.

⑤ Zacher H, Ambiel R A M, & Noronha A P P. Career adaptability and career entrenchment[J]. Journal of Vocational Behavior, 2015, 88, 164-173.

⑥ Urbanaviciute I, Kairys A, Pociute B, et al. Career adaptability in Lithuania: A test of psychometric properties and a theoretical model[J]. Journal of Vocational Behavior, 2014, 85（3）: 433-442.

⑦ Taber B J, & Blankemeyer M. Future work self and career adaptability in the prediction of proactive career behaviors[J]. Journal of Vocational Behavior, 2015（86）: 20-27.

⑧ Perera H N, & McIlveen P. The role of optimism and engagement coping in college adaptation: A career construction model[J]. Journal of Vocational Behavior, 2014, 84（3）: 395-404.

⑨ Savickas M L. Convergence prompts theory renovation, research unification, and practice coherence[M]//Savickas M L, & Lent R W（Eds.）. Convergence in Career Development Theories: Implications for Science and Practice. Palo Alto, CA: Consulting Psychologist Press, 1994: 235-257.

⑩ McMahon M, Patton W. Systemic thinking incareer development theory: Contributions of the systems theory framework[J]. British Journal of Guidance & Counselling, 2018, 46（2）: 229-240.

⑪ 王乃弋，王晓，严梓洛，等. 生涯发展的系统理论框架及其应用评析[J]. 比较教育研究, 2020, 42（3）: 89-92.

二、民办高校学生职业生涯素养

63.58%的民办高校学生对自身职业生涯素养持积极态度（4～5 分），33.83%的学生持中立态度（3 分），仅 2.60%的学生持消极态度（1～2 分）。在生涯关注、生涯控制、生涯好奇、生涯自信和生涯调适 5 个维度中，民办高校学生的生涯控制均值较高，达到 3.769；生涯自信均值较低，为 3.710（图 7-1）。

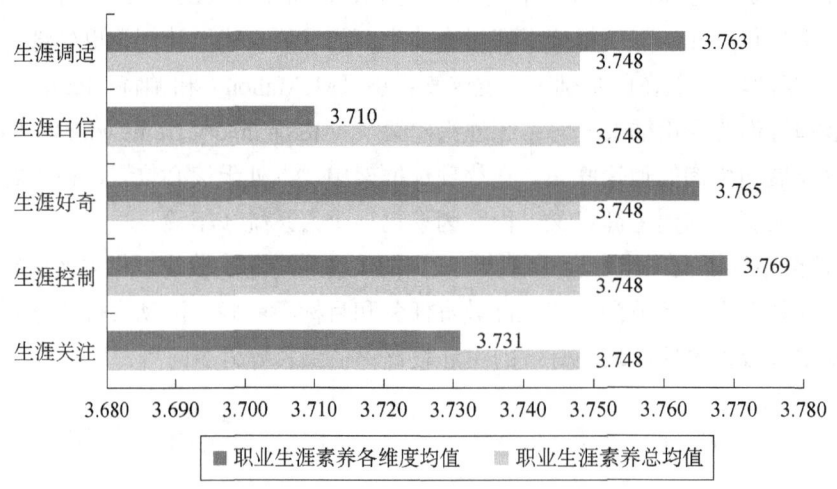

图 7-1 民办高校学生职业生涯素养各维度均值图

（一）生涯关注

1. 基本情况

生涯关注指个体关注和规划其未来职业生涯发展的行为，其能够帮个体确立未来。

民办高校学生的生涯关注意识相对较弱，均值为 3.731，在职业生涯素养各维度中均值较低。62.33%的民办高校学生的生涯关注意识较强（4～5 分），34.29%的学生生涯关注意识一般（3 分），3.38%的学生生涯关注意识较弱（1～2 分）。

2. 差异分析

（1）地区

通过显著性水平检验发现，不同地区民办高校学生的生涯关注意识存在显著差异（$p=0.000***<0.001$）。

在不同地区的分组比较中，东部地区民办高校学生的生涯关注意识（$M=3.768$）明显强于中部地区（$M=3.680$）和西部地区（$M=3.691$）学生。

（2）办学层次

通过显著性水平检验发现，不同办学层次民办高校学生的生涯关注意识存在显著差异（$p=0.000***<0.001$）。

在不同办学层次的分组比较中，研究生（$M=3.760$）和本科（$M=3.748$）民办高校学生的生涯关注意识明显强于专科民办高校（$M=3.680$）学生，总体上呈现出办学层次越高生涯关注意识越强的趋势。

（3）办学年限

通过显著性水平检验发现，不同办学年限民办高校学生的生涯关注意识存在显著差异（$p=0.000***<0.001$）。

在不同办学年限的分组比较中，办学年限在21~30年的民办高校学生的生涯关注意识（$M=3.772$）明显强于其他办学年限学校的学生，办学年限为10年及以下的民办高校学生的生涯关注意识稍弱（$M=3.665$）。

（4）在校生规模

通过显著性水平检验发现，不同在校生规模民办高校学生的生涯关注意识存在显著差异（$p=0.000***<0.001$）。

在不同在校生规模的分组比较中，在校生规模在3万人以上的民办高校学生的生涯关注意识（$M=3.779$）明显强于其他在校生规模的民办高校学生，在校生规模为1万人以下的民办高校学生的生涯关注意识稍弱（$M=3.717$）。

（5）学校类型

通过显著性水平检验发现，不同学校类型民办高校学生的生涯关注意识存在显著差异（$p=0.000***<0.001$）。

在不同学校类型的分组比较中，独立学院学生的生涯关注意识（$M=3.749$）明显强于普通民办院校学生（$M=3.706$）。

（6）学科类型

通过显著性水平检验发现，不同学科类型民办高校学生的生涯关注意识存在显著差异（$p=0.000***<0.001$）。

在不同学科类型的分组比较中，艺术类为主民办高校学生的生涯关注意识（$M=3.821$）明显强于其他学科类型学生，民族类为主民办高校学生的生涯关注意识稍弱（$M=3.539$）。

（7）性别

通过显著性水平检验发现，不同性别民办高校学生的生涯关注意识存在显著差异（$p=0.000***<0.001$）。

在不同性别的分组比较中，民办高校男生的生涯关注意识（$M=3.761$）明显强于女生（$M=3.709$）。

（8）是否独生子女

通过显著性水平检验发现，独生子女和非独生子女民办高校学生的生涯关注意识存在显著差异（$p=0.000***<0.001$）。

在是否独生子女的分组比较中，独生子女民办高校学生的生涯关注意识（$M=3.784$）明显强于非独生子女民办高校学生（$M=3.697$）。

（9）家庭所在地

通过显著性水平检验发现，不同家庭所在地民办高校学生的生涯关注意识存在显著差异（$p=0.000***<0.001$）。

在不同家庭所在地的分组比较中，民办高校城市学生的生涯关注意识（$M=3.807$）明显强于乡镇（$M=3.693$）和农村（$M=3.690$）学生。

（10）家庭收支情况

通过显著性水平检验发现，不同家庭收支情况民办高校学生的生涯关注意识存在显著差异（$p=0.000***<0.001$）。

在不同家庭收支情况的分组比较中，家庭收支很富余的民办高校学生的生涯关注意识（$M=4.022$）明显强于其他学生，总体上呈现出收支越富余生涯关注意识越强的趋势。

（11）父母学历

通过显著性水平检验发现，不同父母学历民办高校学生的生涯关注意识存在显著差异（$p=0.000***<0.001$）。

在不同父母学历的分组比较中，父母学历为研究生的民办高校学生的生涯关注意识（$M=3.931$）明显强于其他学生，总体上呈现出父母学历越高生涯关注意识越强的趋势。

（12）就读层次

通过显著性水平检验发现，不同就读层次民办高校学生的生涯关注意识存在显著差异（$p=0.000***<0.001$）。

在不同就读层次的分组比较中，民办高校研究生（$M=3.851$）和本科生（$M=3.752$）的生涯关注意识明显强于专科学生（$M=3.680$），总体上呈现出就读层次越高生涯关注意识越强的趋势。

（13）年级

通过显著性水平检验发现，不同年级民办高校学生的生涯关注意识存在显著差异（$p=0.000***<0.001$）。

在不同年级的分组比较中，民办高校大五学生的生涯关注意识（$M=3.861$）明显强于其他年级学生，总体上呈现出年级越高生涯关注意识越强的趋势。

（14）专业类型

通过显著性水平检验发现，不同专业类型民办高校学生的生涯关注意识存在显著差异（$p=0.000***<0.001$）。

在不同专业类型的分组比较中，文法类民办高校学生的生涯关注意识（$M=3.782$）强于其他专业类型学生，农学类学生的生涯关注意识稍弱（$M=3.604$）。

(15) 志愿类型

通过显著性水平检验发现，不同志愿类型民办高校学生的生涯关注意识存在显著差异（$p=0.000***<0.001$）。

在不同志愿类型的分组比较中，第一志愿民办高校学生的生涯关注意识（$M=3.780$）明显强于非第一志愿学生（$M=3.678$）。

(16) 学生干部经历

通过显著性水平检验发现，不同学生干部经历的民办高校学生的生涯关注意识存在显著差异（$p=0.000***<0.001$）。

在不同学生干部经历的分组比较中，有学生干部经历的民办高校学生的生涯关注意识（$M=3.813$）明显强于无学生干部经历的学生（$M=3.648$）。

(17) 创业经历

通过显著性水平检验发现，不同创业经历民办高校学生的生涯关注意识存在显著差异（$p=0.000***<0.001$）。

在不同创业经历的分组比较中，有创业经历的民办高校学生的生涯关注意识（$M=3.890$）明显强于无创业经历的学生（$M=3.712$）。

(18) 成绩排名

通过显著性水平检验发现，不同成绩排名民办高校学生的生涯关注意识存在显著差异（$p=0.000***<0.001$）。

在不同成绩排名的分组比较中，成绩排名为上游的民办高校学生，其生涯关注意识（$M=3.872$）明显强于中游（$M=3.691$）和下游（$M=3.542$）学生，总体上呈现出成绩排名越靠前生涯关注意识越强的趋势。

3. 结论

62.33%的民办高校学生生涯关注意识较强，仍有37.67%的民办高校学生的生涯关注意识有待加强。在民办高校学生样本中，学校背景特征及个人背景特征对学生的生涯关注意识有显著影响。从学校背景特征看，民办高校学生的生涯关注意识呈现出显著的地区、办学层次、办学年限、在校生规模、学校类型和学科类型差异，东部地区、办学层次为研究生和本科、办学年限为21～30年、在校生规模在3万人以上、独立学院、艺术类为主民办高校的学生生涯关注意识较强。从个人背景特征看，民办高校学生的生涯关注意识呈现出显著的性别、家庭结构、家庭所在地、家庭收支情况、父母学历、就读层次、专业、志愿类型、学生干部经历、创业经历、成绩排名差异，男生、独生子女、家庭所在地为城市、家庭收支很富余、父母学历高、就读层次为研究生和本科、大五年级、文法类、第一志愿、有学生干部经历、有创业经历、成绩排名靠前的民办高校学生生涯关注意识较强。

（二）生涯控制

1. 基本情况

生涯控制是个体主动建构和自主掌控未来职业生涯的能力，其有助于个体行使自我选择未来的权利。

民办高校学生的生涯控制能力较强，均值为 3.769，在职业生涯素养各维度中均值最高。64.44% 的民办高校学生的生涯控制能力较强（4～5 分），33.19% 的学生生涯控制能力一般（3 分），仅 2.37% 的学生生涯控制能力较弱（1～2 分）。

2. 差异分析

（1）地区

通过显著性水平检验发现，不同地区民办高校学生的生涯控制能力存在显著差异（$p=0.000***<0.001$）。

在不同地区的分组比较中，东部地区民办高校学生的生涯控制能力（$M=3.793$）明显强于中部地区（$M=3.715$）和西部地区（$M=3.754$）学生。

（2）校区

通过显著性水平检验发现，不同校区民办高校学生的生涯控制能力存在较显著差异（$p=0.020*<0.05$）。

在不同校区的分组比较中，校区在地级市及其他地区的民办高校学生（$M=3.775$）生涯控制能力最强，省会城市（$M=3.763$）的学生次之，一线城市（北上广深）民办高校学生的生涯控制能力稍弱（$M=3.745$）。

（3）办学层次

通过显著性水平检验发现，不同办学层次民办高校学生的生涯控制能力存在显著差异（$p=0.000***<0.001$）。

在不同办学层次的分组比较中，研究生（$M=3.817$）和本科（$M=3.783$）办学层次民办高校学生的生涯控制能力明显强于专科民办高校（$M=3.719$）学生，总体上呈现出办学层次越高学生生涯控制能力越强的趋势。

（4）办学年限

通过显著性水平检验发现，不同办学年限民办高校学生的生涯控制能力存在显著差异（$p=0.000***<0.001$）。

在不同办学年限的分组比较中，办学年限在 21～30 年的民办高校学生（$M=3.803$）和办学年限在 41 年及以上的民办高校学生的生涯控制能力（$M=3.803$）明显强于其他办学年限民办高校学生，办学年限为 10 年及以下的民办高校学生的生涯控制能力稍弱（$M=3.708$）。

(5)在校生规模

通过显著性水平检验发现,不同在校生规模民办高校学生的生涯控制能力存在显著差异($p=0.000***<0.001$)。

在不同在校生规模的分组比较中,在校生规模在 3 万人以上的民办高校学生的生涯控制能力($M=3.805$)明显强于其他在校生规模民办高校的学生,在校生规模为 1 万人以下民办高校的学生生涯控制能力稍弱($M=3.760$)。

(6)学校类型

通过显著性水平检验发现,不同学校类型民办高校学生的生涯控制能力存在显著差异($p=0.000***<0.001$)。

在不同学校类型的分组比较中,独立学院学生的生涯控制能力($M=3.783$)明显强于普通民办院校学生($M=3.748$)。

(7)学科类型

通过显著性水平检验发现,不同学科类型民办高校学生的生涯控制能力存在显著差异($p=0.000***<0.001$)。

在不同学科类型的分组比较中,体育类为主民办高校学生的生涯控制能力($M=3.867$)明显强于其他学科类型学生,民族类为主民办高校学生的生涯控制能力稍弱($M=3.574$)。

(8)性别

通过显著性水平检验发现,不同性别民办高校学生的生涯控制能力存在显著差异($p=0.000***<0.001$)。

在不同性别的分组比较中,民办高校男生的生涯控制能力($M=3.811$)明显强于女生($M=3.737$)。

(9)是否独生子女

通过显著性水平检验发现,独生子女和非独生子女民办高校学生的生涯控制能力存在显著差异($p=0.000***<0.001$)。

在是否独生子女的分组比较中,独生子女民办高校学生的生涯控制能力($M=3.802$)明显强于非独生子女民办高校学生($M=3.747$)。

(10)家庭所在地

通过显著性水平检验发现,不同家庭所在地民办高校学生的生涯控制能力存在显著差异($p=0.000***<0.001$)。

在不同家庭所在地的分组比较中,民办高校城市学生的生涯控制能力($M=3.819$)明显强于乡镇($M=3.720$)和农村($M=3.754$)学生。

(11)家庭收支情况

通过显著性水平检验发现,不同家庭收支情况民办高校学生的生涯控制能力存在显著差异($p=0.000***<0.001$)。

在不同家庭收支情况的分组比较中,家庭收支很富余的民办高校学生的生涯控制能力

（M=4.013）明显强于其他学生，总体上呈现出家庭收支越富余学生生涯控制能力越强的趋势。

（12）父母学历

通过显著性水平检验发现，不同父母学历民办高校学生的生涯控制能力存在显著差异（p=0.000***<0.001）。

在不同父母学历的分组比较中，父母学历为研究生的民办高校学生的生涯控制能力（M=3.908）明显强于其他学生，总体上呈现出父母学历越高生涯控制能力越强的趋势。

（13）就读层次

通过显著性水平检验发现，不同就读层次民办高校学生的生涯控制能力存在显著差异（p=0.000***<0.001）。

在不同就读层次的分组比较中，民办高校研究生（M=3.869）的生涯控制能力明显强于本科（M=3.789）和专科（M=3.719）学生，总体上呈现出就读层次越高生涯控制能力越强的趋势。

（14）年级

通过显著性水平检验发现，不同年级民办高校学生的生涯控制能力存在显著差异（p=0.000***<0.001）。

在不同年级的分组比较中，民办高校大四学生的生涯控制能力（M=3.861）明显强于其他年级学生，总体上呈现出年级越高生涯控制能力越强的趋势。

（15）专业类型

通过显著性水平检验发现，不同专业类型民办高校学生的生涯控制能力存在显著差异（p=0.000***<0.001）。

在不同专业类型的分组比较中，文法类民办高校学生的生涯控制能力（M=3.800）强于其他专业类型学生，农学类民办高校学生的生涯控制能力稍弱（M=3.642）。

（16）志愿类型

通过显著性水平检验发现，不同志愿类型民办高校学生的生涯控制能力存在显著差异（p=0.000***<0.001）。

在不同志愿类型的分组比较中，第一志愿民办高校学生的生涯控制能力（M=3.812）明显强于非第一志愿（M=3.721）学生。

（17）学生干部经历

通过显著性水平检验发现，不同学生干部经历民办高校学生的生涯控制能力存在显著差异（p=0.000***<0.001）。

在不同学生干部经历的分组比较中，有学生干部经历的民办高校学生的生涯控制能力（M=3.840）明显强于无学生干部经历（M=3.696）的学生。

（18）创业经历

通过显著性水平检验发现，不同创业经历民办高校学生的生涯控制能力存在显著差异（p=0.000***<0.001）。

在不同创业经历的分组比较中,有创业经历的民办高校学生的生涯控制能力(M=3.909)明显强于无创业经历(M=3.752)的学生。

(19) 成绩排名

通过显著性水平检验发现,不同成绩排名民办高校学生的生涯控制能力存在显著差异(p=0.000***<0.001)。

在不同成绩排名的分组比较中,成绩排名为上游的民办高校学生的生涯控制能力(M=3.896)明显强于中游(M=3.730)和下游(M=3.606)学生,总体上呈现出成绩排名越靠前生涯控制能力越强的趋势。

3. 结论

64.44%的民办高校学生生涯控制能力较强,仍有35.56%的民办高校学生的生涯控制能力有待加强。在民办高校学生样本中,学校背景特征及个人背景特征对学生的生涯控制能力有显著影响。从学校背景特征看,民办高校学生的生涯控制能力呈现出显著的地区、办学层次、办学年限、在校生规模、学校类型和学科类型差异,东部地区、办学层次为研究生和本科、办学年限在21~30年和41年及以上、在校生规模在3万人以上、独立学院、体育类为主民办高校的学生生涯控制能力较强。从个人背景特征看,民办高校学生的生涯控制能力呈现出显著的性别、家庭结构、家庭所在地、家庭收支情况、父母学历、就读层次、专业、志愿类型、学生干部经历、创业经历、成绩排名差异,男生、独生子女、家庭所在地为城市、家庭收支很富余、父母学历高、就读层次为研究生和本科、大四、文法类、第一志愿、有学生干部经历、有创业经历、成绩排名靠前的民办高校学生的生涯控制能力较强。

(三) 生涯好奇

1. 基本情况

生涯好奇是个体积极主动地尝试探索自我和工作世界的意识,其有助于加速个体自我和职业发展的探索行为。

民办高校学生的生涯好奇意识较强,均值为3.765,在职业生涯素养各维度中均值较高。63.96%的民办高校学生的生涯好奇意识较强(4~5分),34.01%的学生生涯好奇意识一般(3分),仅2.03%的学生生涯好奇意识较弱(1~2分)。

2. 差异分析

(1) 地区

通过显著性水平检验发现,不同地区民办高校学生的生涯好奇意识存在显著差异(p=0.000***<0.001)。

在不同地区的分组比较中,东部地区民办高校学生的生涯好奇意识(M=3.800)明显强于中部地区（M=3.714）和西部地区（M=3.728）学生。

（2）办学层次

通过显著性水平检验发现，不同办学层次民办高校学生的生涯好奇意识存在显著差异（p=0.000***<0.001）。

在不同办学层次的分组比较中，研究生（M=3.807）和本科（M=3.786）民办高校学生的生涯好奇意识明显强于专科民办高校（M=3.701）学生，总体上呈现出办学层次越高生涯好奇意识越强的趋势。

（3）办学年限

通过显著性水平检验发现，不同办学年限民办高校学生的生涯好奇意识存在显著差异（p=0.000***<0.001）。

在不同办学年限的分组比较中，办学年限为21～30年的民办高校学生的生涯好奇意识（M=3.801）明显强于其他办学年限民办高校的学生，办学年限为10年及以下民办高校的学生生涯好奇意识稍弱（M=3.699）。

（4）在校生规模

通过显著性水平检验发现，不同在校生规模民办高校学生的生涯好奇意识存在显著差异（p=0.000***<0.001）。

在不同在校生规模的分组比较中，在校生规模在3万人以上的民办高校学生的生涯好奇意识（M=3.816）明显强于其他学校学生，在校生规模为1万人以下民办高校的学生生涯好奇意识稍弱（M=3.750）。

（5）学校类型

通过显著性水平检验发现，不同学校类型民办高校学生的生涯好奇意识存在显著差异（p=0.000***<0.001）。

在不同学校类型的分组比较中，独立学院学生的生涯好奇意识（M=3.786）明显强于普通民办院校学生（M=3.735）。

（6）学科类型

通过显著性水平检验发现，不同学科类型民办高校学生的生涯好奇意识存在显著差异（p=0.000***<0.001）。

在不同学科类型的分组比较中，体育类为主民办高校学生的生涯好奇意识（M=3.964）明显强于其他学科类型学生，民族类为主民办高校的学生生涯好奇意识（M=3.564）稍弱。

（7）性别

通过显著性水平检验发现，不同性别民办高校学生的生涯好奇意识存在显著差异（p=0.000***<0.001）。

在不同性别的分组比较中，民办高校男生的生涯好奇意识（M=3.812）明显强于女生（M=3.729）。

（8）是否独生子女

通过显著性水平检验发现，独生子女和非独生子女民办高校学生的生涯好奇意识存在显著差异（$p=0.000^{***}<0.001$）。

在是否独生子女的分组比较中，独生子女民办高校学生的生涯好奇意识（$M=3.812$）明显强于非独生子女民办高校学生（$M=3.734$）。

（9）家庭所在地

通过显著性水平检验发现，不同家庭所在地民办高校学生的生涯好奇意识存在显著差异（$p=0.000^{***}<0.001$）。

在不同家庭所在地的分组比较中，民办高校城市学生的生涯好奇意识（$M=3.836$）明显强于乡镇（$M=3.718$）和农村（$M=3.733$）学生。

（10）家庭收支情况

通过显著性水平检验发现，不同家庭收支情况民办高校学生的生涯好奇意识存在显著差异（$p=0.000^{***}<0.001$）。

在不同家庭收支情况的分组比较中，家庭收支很富余的民办高校学生的生涯好奇意识（$M=4.027$）明显强于其他家庭收入的学生，总体上呈现出家庭收支越富余学生生涯好奇意识越强的趋势。

（11）父母学历

通过显著性水平检验发现，不同父母学历民办高校学生的生涯好奇意识存在显著差异（$p=0.000^{***}<0.001$）。

在不同父母学历的分组比较中，父母学历为研究生的民办高校学生的生涯好奇意识（$M=3.926$）明显强于其他学生，总体上呈现出父母学历越高生涯好奇意识越强的趋势。

（12）就读层次

通过显著性水平检验发现，不同就读层次民办高校学生的生涯好奇意识存在显著差异（$p=0.000^{***}<0.001$）。

在不同就读层次的分组比较中，民办高校研究生（$M=3.883$）的生涯好奇意识明显强于本科（$M=3.791$）和专科（$M=3.702$）学生，总体上呈现出就读层次越高生涯好奇意识越强的趋势。

（13）年级

通过显著性水平检验发现，不同年级民办高校学生的生涯好奇意识存在显著差异（$p=0.000^{***}<0.001$）。

在不同年级的分组比较中，民办高校大四学生的生涯好奇意识（$M=3.852$）明显强于其他年级学生，总体上呈现出年级越高生涯好奇意识越强的趋势。

（14）专业类型

通过显著性水平检验发现，不同专业类型民办高校学生的生涯好奇意识存在显著差异（$p=0.000^{***}<0.001$）。

在不同专业类型的分组比较中，艺术类民办高校学生的生涯好奇意识（$M=3.821$）强于其他专业类型学生，农学类学生的生涯好奇意识稍弱（$M=3.673$）。

（15）志愿类型

通过显著性水平检验发现，不同志愿类型民办高校学生的生涯好奇意识存在显著差异（$p=0.000^{***}<0.001$）。

在不同志愿类型的分组比较中，第一志愿民办高校学生的生涯好奇意识（$M=3.807$）明显强于非第一志愿学生（$M=3.719$）。

（16）学生干部经历

通过显著性水平检验发现，不同学生干部经历的民办高校学生的生涯好奇意识存在显著差异（$p=0.000^{***}<0.001$）。

在不同学生干部经历的分组比较中，有学生干部经历的民办高校学生的生涯好奇意识（$M=3.848$）明显强于无学生干部经历的学生（$M=3.681$）。

（17）创业经历

通过显著性水平检验发现，不同创业经历民办高校学生的生涯好奇意识存在显著差异（$p=0.000^{***}<0.001$）。

在不同创业经历的分组比较中，有创业经历的民办高校学生的生涯好奇意识（$M=3.917$）明显强于无创业经历的学生（$M=3.747$）。

（18）成绩排名

通过显著性水平检验发现，不同成绩排名民办高校学生的生涯好奇意识存在显著差异（$p=0.000^{***}<0.001$）。

在不同成绩排名的分组比较中，成绩排名为上游的民办高校学生的生涯好奇意识（$M=3.897$）明显强于中游（$M=3.724$）和下游（$M=3.604$）学生，总体上呈现出成绩排名越靠前生涯好奇意识越强的趋势。

3. 结论

63.96%的民办高校生涯好奇意识较强，仍有36.04%的民办高校学生的生涯好奇意识有待加强。在民办高校学生样本中，学校背景特征及个人背景特征对学生的生涯好奇意识有显著影响。从学校背景特征看，民办高校学生的生涯好奇意识呈现出显著的地区、办学层次、办学年限、在校生规模、学校类型和学科类型差异，东部地区、办学层次为研究生和本科、办学年限为21~30年、在校生规模在3万人以上、独立学院、体育类为主民办高校的学生生涯好奇意识较强。从个人背景特征看，民办高校学生的生涯好奇意识呈现出显著的性别、家庭结构、家庭所在地、家庭收支情况、父母学历、就读层次、专业、志愿类型、学生干部经历、创业经历、成绩排名差异，男生、独生子女、家庭所在地为城市、家庭收支很富余、父母学历高、就读层次为研究生和本科、大四、艺术类、第一志愿、有学生干部经历、有创业经历、成绩排名靠前的民办高校学生的生涯好奇意识较强。

（四）生涯自信

1. 基本情况

生涯自信指个体对自身职业生涯问题解决能力的信心及自我效能感，其能促使个体建构完美的未来并克服困难。

民办高校学生生涯自信程度相对较低，均值为 3.710，在职业生涯素养各维度中均值较低。60.13%的民办高校学生的生涯自信意识较强（4～5分），37.40%的学生生涯自信意识一般（3分），仅2.47%的学生生涯自信意识较弱（1～2分）。

2. 差异分析

（1）地区

通过显著性水平检验发现，不同地区民办高校学生的生涯自信意识存在显著差异（$p=0.000^{***}<0.001$）。

在不同地区的分组比较中，东部地区民办高校学生的生涯自信意识（$M=3.746$）明显强于中部地区（$M=3.662$）和西部地区（$M=3.669$）学生。

（2）办学层次

通过显著性水平检验发现，不同办学层次民办高校学生的生涯自信意识存在显著差异（$p=0.000^{***}<0.001$）。

在不同办学层次的分组比较中，研究生（$M=3.744$）和本科（$M=3.723$）民办高校学生的生涯自信意识明显强于专科民办高校（$M=3.665$）学生，总体上呈现出办学层次越高生涯自信意识越强的趋势。

（3）办学年限

通过显著性水平检验发现，不同办学年限民办高校学生的生涯自信意识存在显著差异（$p=0.000^{***}<0.001$）。

在不同办学年限的分组比较中，办学年限为 21～30 年的民办高校学生的生涯自信意识（$M=3.749$）和办学年限在 41 年及以上的民办高校学生的生涯自信意识（$M=3.748$）明显强于其他办学年限学生，办学年限为 10 年及以下的学生生涯自信意识稍弱（$M=3.650$）。

（4）在校生规模

通过显著性水平检验发现，不同在校生规模民办高校学生的生涯自信意识存在显著差异（$p=0.000^{***}<0.001$）。

在不同在校生规模的分组比较中，在校生规模在 3 万人以上的民办高校学生的生涯自信意识（$M=3.763$）明显强于其他学校学生，在校生规模为 1 万人以下的民办高校学生生涯自信意识稍弱（$M=3.697$）。

（5）学校类型

通过显著性水平检验发现，不同学校类型民办高校学生的生涯自信意识存在显著差异

（p=0.000***<0.001）。

在不同学校类型的分组比较中，独立学院学生的生涯自信意识（M=3.724）明显强于普通民办院校学生（M=3.689）。

（6）学科类型

通过显著性水平检验发现，不同学科类型民办高校学生的生涯自信意识存在显著差异（p=0.000***<0.001）。

在不同学科类型的分组比较中，体育类为主民办高校学生的生涯自信意识（M=3.795）明显强于其他学科类型的学生，民族类为主民办高校学生的生涯自信意识稍弱（M=3.544）。

（7）性别

通过显著性水平检验发现，不同性别民办高校学生的生涯自信意识存在显著差异（p=0.000***<0.001）。

在不同性别的分组比较中，民办高校男生的生涯自信意识（M=3.768）明显强于女生（M=3.665）。

（8）是否独生子女

通过显著性水平检验发现，独生子女和非独生子女民办高校学生的生涯自信意识存在显著差异（p=0.000***<0.001）。

在是否独生子女的分组比较中，独生子女民办高校学生的生涯自信意识（M=3.757）明显强于非独生子女民办高校学生（M=3.679）。

（9）家庭所在地

通过显著性水平检验发现，不同家庭所在地民办高校学生的生涯自信意识存在显著差异（p=0.000***<0.001）。

在不同家庭所在地的分组比较中，民办高校城市学生的生涯自信意识（M=3.775）明显强于乡镇（M=3.667）和农村（M=3.679）学生。

（10）家庭收支情况

通过显著性水平检验发现，不同家庭收支情况民办高校学生的生涯自信意识存在显著差异（p=0.000***<0.001）。

在不同家庭收支情况的分组比较中，家庭收支很富余的民办高校学生的生涯自信意识（M=3.994）明显强于其他学生，总体上呈现出家庭收支越富余学生生涯自信意识越强的趋势。

（11）父母学历

通过显著性水平检验发现，不同父母学历民办高校学生的生涯自信意识存在显著差异（p=0.000***<0.001）。

在不同父母学历的分组比较中，父母学历为研究生的民办高校学生的生涯自信意识（M=3.866）明显强于其他学生，总体上呈现出父母学历越高生涯自信意识越强的趋势。

（12）就读层次

通过显著性水平检验发现，不同就读层次民办高校学生的生涯自信意识存在显著差异

（$p=0.000***<0.001$）。

在不同就读层次的分组比较中，民办高校研究生（$M=3.868$）的生涯自信意识明显强于本科（$M=3.727$）和专科（$M=3.665$）学生，总体上呈现出就读层次越高生涯自信意识越强的趋势。

（13）年级

通过显著性水平检验发现，不同年级民办高校学生的生涯自信意识存在显著差异（$p=0.000***<0.001$）。

在不同年级的分组比较中，民办高校研究生的生涯自信意识（$M=3.819$）明显强于其他年级学生，总体上基本呈现年级越高生涯自信意识越强的趋势。

（14）专业类型

通过显著性水平检验发现，不同专业类型民办高校学生的生涯自信意识存在显著差异（$p=0.000***<0.001$）。

在不同专业类型的分组比较中，艺术类民办高校学生的生涯自信意识（$M=3.755$）强于其他专业类型的学生，农学类学生的生涯自信意识稍弱（$M=3.624$）。

（15）志愿类型

通过显著性水平检验发现，不同志愿类型民办高校学生的生涯自信意识存在显著差异（$p=0.000***<0.001$）。

在不同学科的分组比较中，第一志愿民办高校学生的生涯自信意识（$M=3.754$）明显强于非第一志愿学生（$M=3.661$）。

（16）学生干部经历

通过显著性水平检验发现，不同学生干部经历民办高校学生的生涯自信意识存在显著差异（$p=0.000***<0.001$）。

在不同学生干部经历的分组比较中，有学生干部经历的民办高校学生的生涯自信意识（$M=3.795$）明显强于无学生干部经历的学生（$M=3.623$）。

（17）创业经历

通过显著性水平检验发现，不同创业经历民办高校学生的生涯自信意识存在显著差异（$p=0.000***<0.001$）。

在不同创业经历的分组比较中，有创业经历的民办高校学生的生涯自信意识（$M=3.876$）明显强于无创业经历的学生（$M=3.690$）。

（18）成绩排名

通过显著性水平检验发现，不同成绩排名民办高校学生的生涯自信意识存在显著差异（$p=0.000***<0.001$）。

在不同成绩排名的分组比较中，成绩排名为上游的民办高校学生的生涯自信意识（$M=3.851$）明显强于中游（$M=3.669$）和下游（$M=3.521$）学生，总体上呈现出成绩排名越靠前生涯自信意识越强的趋势。

3. 结论

60.13%的民办高校学生的生涯自信意识较强，仍有39.87%的民办高校学生的生涯自信有待加强。在民办高校学生样本中，学校背景特征及个人背景特征对学生的生涯自信有显著影响。从学校背景特征看，民办高校学生生涯自信呈现出显著的地区、办学层次、办学年限、在校生规模、学校类型和学科类型差异，东部地区、办学层次为研究生和本科、办学年限为21～30年和41年及以上、在校生规模在3万人以上、独立学院、体育类为主民办高校的学生生涯自信意识较强。从个人背景特征看，民办高校学生生涯自信呈现出显著的性别、家庭结构、家庭所在地、家庭收支情况、父母学历、就读层次、专业、志愿类型、学生干部经历、创业经历、成绩排名差异，男生、独生子女、家庭所在地为城市、家庭收支很富余、父母学历高、就读层次为研究生或本科、研究生、艺术类、第一志愿、有学生干部经历、有创业经历、成绩排名靠前的民办高校学生生涯自信较强。

（五）生涯调适

1. 基本情况

生涯调适是个体面对生涯任务、扮演生涯角色及应对生涯改变时，通过调整达到适应状态的过程，能够帮助个体处理生涯困境和生涯发展中的问题、转折及重大事件等。[①]

民办高校学生的生涯调适能力较强，均值为3.763，在职业生涯素养各维度中均值较高。63.98%的民办高校学生的生涯调适能力较强（4～5分），33.86%的学生生涯调适能力一般（3分），仅2.16%的学生生涯调适能力较弱（1～2分）。

2. 差异分析

（1）地区

通过显著性水平检验发现，不同地区民办高校学生的生涯调适能力存在显著差异（$p=0.000***<0.001$）。

在不同地区的分组比较中，东部地区民办高校学生的生涯调适能力（$M=3.796$）明显强于中部地区（$M=3.708$）和西部地区（$M=3.733$）学生。

（2）办学层次

通过显著性水平检验发现，不同办学层次民办高校学生的生涯调适能力存在显著差异（$p=0.000***<0.001$）。

在不同办学层次的分组比较中，研究生（$M=3.813$）和本科（$M=3.782$）民办高校学生的生涯调适能力明显强于专科民办高校（$M=3.700$）学生，总体上呈现出办学层次越高生涯

---

① Savickas, M. L. Career adaptability: An integrative construct for life-span, life-space theory. Career Development Quarterly, 1997, 45（3）: 247-259.

调适能力越强的趋势。

（3）办学年限

通过显著性水平检验发现，不同办学年限民办高校学生的生涯调适能力存在显著差异（$p=0.000^{***}<0.001$）。

在不同办学年限的分组比较中，办学年限在 41 年及以上的民办高校学生的生涯调适能力（$M=3.805$）明显强于其他办学年限学生，办学年限为 10 年及以下的学生生涯调适能力稍弱（$M=3.697$）。

（4）在校生规模

通过显著性水平检验发现，不同在校生规模民办高校学生的生涯调适能力存在显著差异（$p=0.000^{***}<0.001$）。

在不同在校生规模的分组比较中，在校生规模在 3 万人以上的民办高校学生的生涯调适能力（$M=3.812$）明显强于其他学生，在校生规模为 1 万人以下的学生生涯调适能力稍弱（$M=3.747$）。

（5）学校类型

通过显著性水平检验发现，不同学校类型民办高校学生的生涯调适能力存在显著差异（$p=0.000^{***}<0.001$）。

在不同学校类型的分组比较中，独立学院学生的生涯调适能力（$M=3.782$）明显强于普通民办院校（$M=3.734$）学生。

（6）学科类型

通过显著性水平检验发现，不同学科类型民办高校学生的生涯调适能力存在显著差异（$p=0.000^{***}<0.001$）。

在不同学科类型的分组比较中，艺术类为主民办高校学生的生涯调适能力（$M=3.835$）明显强于其他学科类型的学生，民族类为主学生的生涯调适能力稍弱（$M=3.559$）。

（7）性别

通过显著性水平检验发现，不同性别民办高校学生的生涯调适能力存在显著差异（$p=0.000^{***}<0.001$）。

在不同性别的分组比较中，民办高校男生的生涯调适能力（$M=3.807$）明显强于女生（$M=3.729$）。

（8）是否独生子女

通过显著性水平检验发现，独生子女和非独生子女民办高校学生的生涯调适能力存在显著差异（$p=0.000^{***}<0.001$）。

在是否独生子女的分组比较中，独生子女民办高校学生的生涯调适能力（$M=3.804$）明显强于非独生子女民办高校学生（$M=3.736$）。

（9）家庭所在地

通过显著性水平检验发现，不同家庭所在地民办高校学生的生涯调适能力存在显著差异（$p=0.000^{***}<0.001$）。

在不同家庭所在地的分组比较中，民办高校城市学生的生涯调适能力（$M=3.824$）明显强于乡镇（$M=3.718$）和农村（$M=3.737$）学生。

（10）家庭收支情况

通过显著性水平检验发现，不同家庭收支情况民办高校学生的生涯调适能力存在显著差异（$p=0.000^{***}<0.001$）。

在不同家庭收支情况的分组比较中，家庭收支很富余的民办高校学生的生涯调适能力（$M=4.036$）明显强于其他家庭收入学生，总体上呈现出收支越富余生涯调适能力越强的趋势。

（11）父母学历

通过显著性水平检验发现，不同父母学历民办高校学生的生涯调适能力存在显著差异（$p=0.000^{***}<0.001$）。

在不同父母学历的分组比较中，父母学历为研究生的民办高校学生的生涯调适能力（$M=3.925$）明显强于其他学生，总体上呈现出父母学历越高生涯调适能力越强的趋势。

（12）就读层次

通过显著性水平检验发现，不同就读层次民办高校学生的生涯调适能力存在显著差异（$p=0.000^{***}<0.001$）。

在不同就读层次的分组比较中，民办高校研究生（$M=3.877$）的生涯调适能力强于本科（$M=3.788$）和专科（$M=3.701$）学生，总体上呈现出就读层次越高生涯调适能力越强的趋势。

（13）年级

通过显著性水平检验发现，不同年级民办高校学生的生涯调适能力存在显著差异（$p=0.000^{***}<0.001$）。

在不同年级的分组比较中，民办高校大四学生的生涯调适能力（$M=3.859$）明显强于其他年级学生，总体上基本呈现年级越高生涯调适能力越强的趋势。

（14）专业类型

通过显著性水平检验发现，不同专业类型民办高校学生的生涯调适能力存在显著差异（$p=0.000^{***}<0.001$）。

在不同专业类型的分组比较中，文法类民办高校学生的生涯调适能力（$M=3.799$）明显强于其他专业类型的学生，农学类学生的生涯调适能力稍弱（$M=3.675$）。

（15）志愿类型

通过显著性水平检验发现，不同志愿类型民办高校学生的生涯调适能力存在显著差异（$p=0.000^{***}<0.001$）。

在不同志愿类型的分组比较中，第一志愿民办高校学生的生涯调适能力（$M=3.802$）明显强于非第一志愿（$M=3.720$）学生。

（16）学生干部经历

通过显著性水平检验发现，不同学生干部经历民办高校学生的生涯调适能力存在显著差异（$p=0.000^{***}<0.001$）。

在不同学生干部经历的分组比较中，有学生干部经历的民办高校学生的生涯调适能力（$M=3.843$）明显强于无学生干部经历的（$M=3.681$）学生。

（17）创业经历

通过显著性水平检验发现，不同创业经历民办高校学生的生涯调适能力存在显著差异（$p=0.000^{***}<0.001$）。

在不同创业经历的分组比较中，有创业经历的民办高校学生的生涯调适能力（$M=3.902$）明显强于无创业经历的（$M=3.746$）学生。

（18）成绩排名

通过显著性水平检验发现，不同成绩排名民办高校学生的生涯调适能力存在显著差异（$p=0.000^{***}<0.001$）。

在不同成绩排名的分组比较中，成绩排名为上游的民办高校学生的生涯调适能力（$M=3.890$）明显强于中游（$M=3.723$）和下游（$M=3.607$）学生，总体上呈现出成绩排名越靠前生涯调适能力越强的趋势。

3. 结论

63.98%的民办高校生涯调适能力较强，仍有36.02%的民办高校学生的生涯调适能力有待加强。在民办高校学生样本中，学校背景特征及个人背景特征对学生的生涯调适能力有显著影响。从学校背景特征看，民办高校学生的生涯调适能力呈现出显著的地区、办学层次、办学年限、在校生规模、学校类型和学科类型差异，东部地区、办学层次为研究生和本科、办学年限在41年及以上、在校生规模在3万人以上、独立学院、艺术类为主民办高校的学生生涯调适能力较强。从个人背景特征看，民办高校学生的生涯调适能力呈现出显著的性别、家庭结构、家庭所在地、家庭收入、父母学历、就读层次、专业、志愿类型、学生干部经历、创业经历、成绩排名差异，男生、独生子女、家庭所在地为城市、家庭收支很富余、父母学历高、就读层次为研究生和本科、大四年级、文法类、第一志愿、有学生干部经历、有创业经历、成绩排名靠前的民办高校学生的生涯调适能力较强。

三、民办中小学学生职业生涯素养

76.24%的民办中小学学生对自身职业生涯素养持积极态度（4~5分），19.31%的学生持中立态度（3分），仅4.46%的学生持消极态度（1~2分）。在生涯关注、生涯控制、生涯好奇、生涯自信和生涯调适5个维度中，中小学学生生涯调适均值较高，达到4.089；生涯关注均值较低，为3.921（图7-2）。

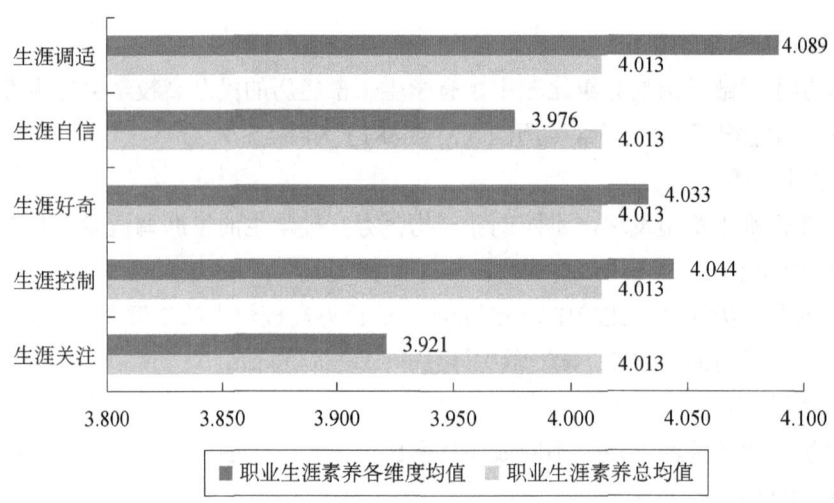

图 7-2 民办中小学学生职业生涯素养各维度均值图

（一）生涯关注

1. 基本情况

民办中小学学生生涯关注意识较弱，均值为 3.921，在职业生涯素养各维度中均值较低。72.35%的民办中小学学生生涯关注意识较强（4～5 分），21.41%的学生生涯关注意识一般（3 分），仅 6.24%的学生生涯关注意识较弱（1～2 分）。

2. 差异分析

（1）性别

通过显著性水平检验发现，不同性别民办中小学学生的生涯关注意识存在显著差异（$p=0.002**<0.01$）。

在不同性别的分组比较中，民办中小学男生的生涯关注意识（$M=3.930$）明显强于女生（$M=3.910$）。

（2）是否独生子女

通过显著性水平检验发现，独生子女和非独生子女民办中小学学生的生涯关注意识存在显著差异（$p=0.000***<0.001$）。

在是否独生子女的分组比较中，独生子女民办中小学学生的生涯关注意识（$M=3.966$）明显强于非独生子女民办中小学学生（$M=3.903$）。

（3）住宿方式

通过显著性水平检验发现，不同住宿方式民办中小学学生的生涯关注意识存在显著差异（$p=0.000***<0.001$）。

在不同住宿方式的分组比较中，住学校宿舍的民办中小学学生的生涯关注意识

（M=3.959）明显强于不住学校宿舍的学生（M=3.862）。

（4）父母学历

通过显著性水平检验发现，不同父母学历民办中小学学生的生涯关注意识存在显著差异（p=0.000***<0.001）。

在不同父母学历的分组比较中，父母学历为研究生的民办中小学学生的生涯关注意识（M=4.039）明显强于其他学生，总体上呈现出父母学历越高生涯关注意识越强的趋势。

（5）家庭经济条件

通过显著性水平检验发现，不同家庭经济条件民办中小学学生的生涯关注意识存在显著差异（p=0.000***<0.001）。

在不同家庭经济条件的分组比较中，家庭经济条件很富裕的民办中小学学生的生涯关注意识（M=4.299）明显强于其他家庭经济条件的学生，总体上呈现出家庭经济条件越富裕学生生涯关注意识越强的趋势。

（6）成绩排名

通过显著性水平检验发现，不同成绩排名民办中小学学生的生涯关注意识存在显著差异（p=0.000***<0.001）。

在不同成绩排名的分组比较中，成绩排名为上游的民办中小学学生的生涯关注意识（M=4.101）明显强于中游（M=3.894）和下游（M=3.735）学生，总体上呈现出成绩排名越靠前生涯关注意识越强的趋势。

（7）课外培训班

通过显著性水平检验发现，不同课外培训班经历民办中小学学生的生涯关注意识存在显著差异（p=0.000***<0.001）。

在不同课外培训经历的分组比较中，一直上课外培训班（M=3.969）和现在才开始上课外培训班（M=3.952）的民办中小学学生的生涯关注意识明显强于现在未上培训班（M=3.923）和从未有过课外培训班学习经历（M=3.899）的民办中小学学生。

（8）培训班类型

通过显著性水平检验发现，不同培训班类型民办中小学学生的生涯关注意识存在显著差异（p=0.000***<0.001）。

在不同培训班类型的分组比较中，所上培训班内容兼顾学科知识与兴趣技能培养的民办中小学学生的生涯关注意识（M=4.015）明显强于所上培训班仅传授学科知识（M=3.908）及仅开展兴趣技能培养（M=3.913）的民办中小学学生。

（9）培训班意愿

通过显著性水平检验发现，不同培训班意愿的民办中小学学生的生涯关注意识存在显著差异（p=0.000***<0.001）。

在不同培训班意愿的分组比较中，主动上培训班的民办中小学学生的生涯关注意识（M=3.987）明显强于被动上培训班的民办中小学学生（M=3.740）。

3. 结论

72.35%的民办中小学学生的生涯关注意识较强，仍有27.65%的民办中小学学生的生涯关注意识有待加强。在民办中小学学生样本中，个人背景特征对学生的生涯关注意识有显著影响。从个人背景特征看，民办中小学学生的生涯关注意识呈现出显著的是否独生子女、住宿、家庭经济条件、父母学历、成绩排名、课外培训班、培训班类型、培训班意愿差异，独生子女、住学校宿舍、家庭经济条件很富裕、父母学历高、成绩排名靠前、一直在上两类课外培训班、主动上培训班的民办中小学学生的生涯关注意识较强。

（二）生涯控制

1. 基本情况

民办中小学学生的生涯控制能力较强，均值为4.044，在职业生涯素养各维度中均值较高。78.48%的民办中小学学生的生涯控制能力较强（4~5分），17.81%的学生生涯控制能力一般（3分），仅3.71%的学生生涯控制能力较弱（1~2分）。

2. 差异分析

（1）性别

通过显著性水平检验发现，不同性别民办中小学学生的生涯控制能力存在显著差异（$p=0.000***<0.001$）。

在不同性别的分组比较中，民办中小学男生的生涯控制能力（$M=4.065$）明显强于女生（$M=4.013$）。

（2）是否独生子女

通过显著性水平检验发现，独生子女和非独生子女民办中小学学生的生涯控制能力存在显著差异（$p=0.000***<0.001$）。

在是否独生子女的分组比较中，独生子女民办中小学学生的生涯控制能力（$M=4.095$）明显强于非独生子女民办中小学学生（$M=4.022$）。

（3）住宿方式

通过显著性水平检验发现，不同住宿方式民办中小学学生的生涯控制能力存在显著差异（$p=0.000***<0.001$）。

在不同住宿方式的分组比较中，住学校宿舍的民办中小学学生的生涯控制能力（$M=4.056$）明显强于不住学校宿舍的学生（$M=4.024$）。

（4）父母学历

通过显著性水平检验发现，不同父母学历民办中小学学生的生涯控制能力存在显著差异（$p=0.000***<0.001$）。

在不同父母学历的分组比较中，父母学历为研究生的民办中小学学生的生涯控制能力（M=4.148）明显强于其他学生，总体上呈现出父母学历越高生涯控制能力越强的趋势。

（5）家庭经济条件

通过显著性水平检验发现，不同家庭经济条件民办中小学学生的生涯控制能力存在显著差异（p=0.000***<0.001）。

在不同家庭经济条件的分组比较中，家庭经济条件很富裕的民办中小学学生的生涯控制能力（M=4.372）明显强于其他家庭经济条件的学生，总体上呈现出家庭经济条件越富裕学生生涯控制能力越强的趋势。

（6）成绩排名

通过显著性水平检验发现，不同成绩排名民办中小学学生的生涯控制能力存在显著差异（p=0.000***<0.001）。

在不同成绩排名的分组比较中，成绩排名为上游的民办中小学学生的生涯控制能力（M=4.196）明显强于中游（M=4.023）和下游（M=3.879）学生，总体上呈现出成绩排名越靠前生涯控制能力越强的趋势。

（7）课外培训班

通过显著性水平检验发现，不同课外培训班经历民办中小学学生的生涯控制能力存在显著差异（p=0.000***<0.001）。

在不同课外培训经历的分组比较中，一直上课外培训班（M=4.109）和现在才开始上课外培训班（M=4.094）的民办中小学学生的生涯控制能力明显强于现在未上培训班（M=4.036）和从未有过课外培训班学习经历（M=4.023）的民办中小学学生。

（8）培训班类型

通过显著性水平检验发现，不同培训班类型民办中小学学生的生涯控制能力存在显著差异（p=0.000***<0.001）。

在不同培训班类型的分组比较中，所上培训班内容兼顾学科知识与兴趣技能培养的民办中小学学生的生涯控制能力（M=4.141）明显强于所上培训班仅传授学科知识（M=4.024）及仅开展兴趣技能培养（M=4.038）的民办中小学学生。

（9）培训班意愿

通过显著性水平检验发现，不同培训班意愿民办中小学学生的生涯控制能力存在显著差异（p=0.000***<0.001）。

在不同培训班意愿的分组比较中，主动上培训班的民办中小学学生的生涯控制能力（M=4.102）明显强于被动上培训班的民办中小学学生（M=3.885）。

3. 结论

78.48%的民办中小学学生涯控制能力较强，仍有21.52%的民办中小学学生涯控制能力有待加强。在民办中小学学生样本中，个人背景特征对学生的生涯控制能力有显著影响。

从个人背景特征看，民办中小学学生的生涯控制能力呈现出显著的性别、是否独生子女、住宿、家庭经济条件、父母学历、成绩排名、课外培训班、培训班类型、培训班意愿差异，男生、独生子女、住学校宿舍、家庭经济条件很富裕、父母学历高、成绩排名靠前、一直在上两类课外培训班、主动上培训班的民办中小学学生的生涯控制能力较强。

（三）生涯好奇

1. 基本信息

民办中小学学生的生涯好奇意识较强，均值为4.033，在职业生涯素养各维度中均值较高。77.87%的民办中小学学生的生涯好奇意识较强（4～5分），18.70%的学生生涯好奇意识一般（3分），仅3.43%的学生生涯好奇意识较弱（1～2分）。

2. 差异分析

（1）性别

通过显著性水平检验发现，不同性别民办中小学学生的生涯好奇意识存在显著差异（p=0.000***<0.001）。

在不同性别的分组比较中，民办中小学男生的生涯好奇意识（M=4.056）明显强于女生（M=4.003）。

（2）是否独生子女

通过显著性水平检验发现，独生子女和非独生子女民办中小学学生的生涯好奇意识存在显著差异（p=0.000***<0.001）。

在是否独生子女的分组比较中，独生子女民办中小学学生的生涯好奇意识（M=4.110）明显强于非独生子女民办中小学学生（M=4.002）。

（3）父母学历

通过显著性水平检验发现，不同父母学历民办中小学学生的生涯好奇意识存在显著差异（p=0.000***<0.001）。

在不同父母学历的分组比较中，父母学历为研究生的民办中小学学生的生涯好奇意识（M=4.204）明显强于其他学生，总体上呈现出父母学历越高生涯好奇意识越强的趋势。

（4）家庭经济条件

通过显著性水平检验发现，不同家庭经济条件民办中小学学生的生涯好奇意识存在显著差异（p=0.000***<0.001）。

在不同家庭经济条件的分组比较中，家庭经济条件很富裕的民办中小学学生（M=4.347）和家庭经济条件比较富裕的民办中小学学生（M=4.377）的生涯好奇意识明显强于其他学生，总体上呈现出家庭经济条件越富裕生涯好奇意识越强的趋势。

（5）成绩排名

通过显著性水平检验发现，不同成绩排名民办中小学学生的生涯好奇意识存在显著差异（$p=0.000^{***}<0.001$）。

在不同成绩排名的分组比较中，成绩排名为上游的民办中小学学生的生涯好奇意识（$M=4.206$）明显强于中游（$M=4.007$）和下游（$M=3.856$）学生，总体上呈现出成绩排名越靠前生涯好奇意识越强的趋势。

（6）课外培训班

通过显著性水平检验发现，不同课外培训班经历民办中小学学生的生涯好奇意识存在显著差异（$p=0.000^{***}<0.001$）。

在不同课外培训经历的分组比较中，一直上课外培训班（$M=4.146$）和现在才开始上课外培训班（$M=4.100$）的民办中小学学生的生涯好奇意识明显强于现在未上培训班（$M=4.008$）和从未有过课外培训班学习经历（$M=3.996$）的民办中小学学生。

（7）培训班类型

通过显著性水平检验发现，不同培训班类型民办中小学学生的生涯好奇意识存在显著差异（$p=0.000^{***}<0.001$）。

在不同培训班类型的分组比较中，所上培训班内容兼顾学科知识与兴趣技能培养的民办中小学学生的生涯好奇意识（$M=4.173$）明显强于所上培训班仅传授学科知识（$M=4.010$）及仅开展兴趣技能培养（$M=4.054$）的民办中小学学生。

（8）培训班意愿

通过显著性水平检验发现，不同培训班意愿民办中小学学生的生涯好奇意识存在显著差异（$p=0.000^{***}<0.001$）。

在不同培训班意愿的分组比较中，主动上培训班的民办中小学学生的生涯好奇意识（$M=4.105$）明显强于被动上培训班民办中小学学生的生涯好奇意识（$M=3.905$）。

3. 结论

77.87%的民办中小学生涯好奇意识较强，仍有22.13%的民办中小学学生涯好奇意识有待加强。在民办中小学学生样本中，个人背景特征对学生的生涯好奇意识有显著影响。从个人背景特征看，民办中小学学生的生涯好奇意识呈现出显著的性别、是否独生子女、家庭经济条件、父母学历、成绩排名、课外培训班、培训班类型、培训班意愿差异，男生、独生子女、家庭经济条件富裕、父母学历高、成绩排名靠前、一直在上两类课外培训班、主动上培训班的民办中小学学生的生涯好奇意识较强。

（四）生涯自信

1. 基本信息

民办中小学学生的生涯自信意识较低，均值为3.976，在职业生涯素养各维度中均值较低。74.73%的民办中小学学生的生涯自信意识较强（4～5分），21.29%的学生生涯自信意识一般（3分），仅3.98%的学生生涯自信意识较弱（1～2分）。

2. 差异分析

（1）性别

通过显著性水平检验发现，不同性别民办中小学学生的生涯自信意识存在显著差异（p=0.000***<0.001）。

在不同性别的分组比较中，民办中小学男生的生涯自信意识（M=4.001）明显高于女生（M=3.942）。

（2）是否独生子女

通过显著性水平检验发现，独生子女和非独生子女民办中小学学生的生涯自信意识存在显著差异（p=0.000***<0.001）。

在是否独生子女的分组比较中，独生子女民办中小学学生的生涯自信意识（M=4.036）明显强于非独生子女民办中小学学生（M=3.952）。

（3）住宿方式

通过显著性水平检验发现，不同住宿方式民办中小学学生的生涯自信意识存在显著差异（p=0.000***<0.001）。

在不同住宿方式的分组比较中，住学校宿舍的民办中小学学生的生涯自信意识（M=3.988）明显强于不住学校宿舍的学生（M=3.958）。

（4）父母学历

通过显著性水平检验发现，不同父母学历民办中小学学生的生涯自信意识存在显著差异（p=0.000***<0.001）。

在不同父母学历的分组比较中，父母学历为研究生的民办中小学学生的生涯自信意识（M=4.127）明显强于其他学生，总体上呈现出父母学历越高生涯自信意识越强的趋势。

（5）家庭经济条件

通过显著性水平检验发现，不同家庭经济条件民办中小学学生的生涯自信意识存在显著差异（p=0.000***<0.001）。

在不同家庭经济条件的分组比较中，家庭经济条件很富裕的民办中小学学生的生涯自信意识（M=4.349）明显强于其他学生，总体上呈现出家庭经济条件越富裕生涯自信意识越强的趋势。

（6）成绩排名

通过显著性水平检验发现，不同成绩排名民办中小学学生的生涯自信意识存在显著差异（p=0.000***<0.001）。

在不同成绩排名的分组比较中，成绩排名为上游民办中小学学生的生涯自信意识（M=4.170）明显强于中游（M=3.950）和下游（M=3.769）学生，总体上呈现出成绩排名越靠前生涯自信意识越强的趋势。

（7）课外培训班

通过显著性水平检验发现，不同课外培训班经历民办中小学学生的生涯自信意识存在显著差异（$p=0.000^{***}<0.001$）。

在不同课外培训经历的分组比较中，一直上课外培训班（$M=4.065$）和现在才开始上课外培训班（$M=4.031$）的民办中小学学生的生涯自信意识明显强于现在未上培训班（$M=3.940$）和从未有过课外培训班学习经历（$M=3.955$）的民办中小学生。

（8）培训班类型

通过显著性水平检验发现，不同培训班类型民办中小学学生的生涯自信意识存在显著差异（$p=0.000^{***}<0.001$）。

在不同培训班类型的分组比较中，所上培训班内容兼顾学科知识与兴趣技能培养的民办中小学学生的生涯自信意识（$M=4.087$）明显强于所上培训班仅传授学科知识（$M=3.943$）及仅开展兴趣技能培养（$M=3.990$）的民办中小学学生。

（9）培训班意愿

通过显著性水平检验发现，不同培训班意愿民办中小学学生的生涯自信意识存在显著差异（$p=0.000^{***}<0.001$）。

在不同培训班意愿的分组比较中，主动上培训班的民办中小学学生的生涯自信意识（$M=4.037$）明显强于被动上培训班的民办中小学学生的生涯自信意识（$M=3.814$）。

3. 结论

74.73%的民办中小学学生的生涯自信意识较强，仍有25.27%的民办中小学学生的生涯自信意识有待加强。在民办中小学学生样本中，个人背景特征对学生的生涯自信意识有显著影响。从个人背景特征看，民办中小学学生的生涯自信意识呈现出显著的性别、是否独生子女、住宿、家庭经济条件、父母学历、成绩排名、课外培训班、培训班类型、培训班意愿差异，男生、独生子女、住学校宿舍、家庭经济条件很富裕、父母学历高、成绩排名靠前、一直在上两类课外培训班、主动上培训班的民办中小学学生的生涯自信意识较强。

（五）生涯调适

1. 基本情况

民办中小学学生的生涯调适能力较强，均值为4.089，在职业生涯素养各维度中均值最高。有81.05%的民办中小学学生的生涯调适能力较强（4~5分），16.33%的学生生涯调适能力一般（3分），仅2.62%的学生生涯调适能力较弱（1~2分）。

2. 差异分析

（1）性别

通过显著性水平检验发现，不同性别民办中小学学生的生涯调适能力存在显著差异

（$p=0.000***<0.001$）。

在不同性别的分组比较中，民办中小学男生生涯调适能力（$M=4.105$）明显高于女生生涯调适能力（$M=4.067$）。

（2）是否独生子女

通过显著性水平检验发现，独生子女和非独生子女民办中小学学生的生涯调适能力存在显著差异（$p=0.000***<0.001$）。

在是否独生子女的分组比较中，独生子女民办中小学学生的生涯调适能力（$M=4.178$）明显强于非独生子女民办中小学学生（$M=4.053$）。

（3）住宿方式

通过显著性水平检验发现，不同住宿方式民办中小学学生的生涯调适能力存在显著差异（$p=0.000***<0.001$）。

在不同住宿方式的分组比较中，不住学校宿舍的民办中小学学生的生涯调适能力（$M=4.115$）明显强于住学校宿舍的学生（$M=4.073$）。

（4）父母学历

通过显著性水平检验发现，不同父母学历民办中小学学生的生涯调适能力存在显著差异（$p=0.000***<0.001$）。

在不同父母学历的分组比较中，父母学历为研究生的民办中小学学生的生涯调适能力（$M=4.267$）明显强于其他学生，总体上呈现出父母学历越高生涯调适能力越强的趋势。

（5）家庭经济条件

通过显著性水平检验发现，不同家庭经济条件民办中小学学生的生涯调适能力存在显著差异（$p=0.000***<0.001$）。

在不同家庭经济条件的分组比较中，家庭经济条件很富裕的民办中小学学生（$M=4.375$）和家庭经济条件比较富裕的民办中小学学生（$M=4.421$）的生涯调适能力明显强于其他学生，总体上呈现出家庭经济条件越富裕生涯调适能力越强的趋势。

（6）成绩排名

通过显著性水平检验发现，不同成绩排名民办中小学学生的生涯调适能力存在显著差异（$p=0.000***<0.001$）。

在不同成绩排名的分组比较中，成绩排名为上游的民办中小学学生的生涯调适能力（$M=4.244$）明显强于中游（$M=4.069$）和下游（$M=3.920$）学生，总体上呈现出成绩排名越靠前生涯调适能力越强的趋势。

（7）课外培训班

通过显著性水平检验发现，不同课外培训班经历民办中小学学生的生涯调适能力存在显著差异（$p=0.000***<0.001$）。

在不同课外培训经历的分组比较中，一直上课外培训班（$M=4.225$）和现在才开始上课外培训班（$M=4.168$）的民办中小学学生的生涯调适能力明显强于现在未上培训班

（M=4.053）和从未有过课外培训班学习经历（M=4.048）的民办中小学生。

（8）培训班类型

通过显著性水平检验发现，不同培训班类型民办中小学学生的生涯调适能力存在显著差异（p=0.000***<0.001）。

在不同培训班类型的分组比较中，所上培训班内容兼顾学科知识与兴趣技能培养的民办中小学学生的生涯调适能力（M=4.238）明显强于所上培训班仅传授学科知识（M=4.071）及仅开展兴趣技能培养（M=4.013）的民办中小学学生。

（9）培训班意愿

通过显著性水平检验发现，不同培训班意愿民办中小学学生的生涯调适能力存在显著差异（p=0.000***<0.001）。

在不同培训班意愿的分组比较中，主动上培训班的民办中小学学生的生涯调适能力（M=4.167）明显强于被动上培训班的民办中小学学生的生涯调适能力（M=3.957）。

3. 结论

有 81.05% 的民办中小学学生生涯调适能力较强，仍有 18.95% 的民办中小学学生生涯调适能力有待加强。在民办中小学学生样本中，个人背景特征对学生的生涯调适能力有显著影响。从个人背景特征看，民办中小学学生的生涯调适能力呈现出显著的性别、是否独生子女、住宿、家庭经济条件、父母学历、成绩排名、课外培训班、培训班类型、培训班意愿差异，男生、独生子女、住学校宿舍、家庭经济条件富裕、父母学历高、成绩排名靠前、一直在上两类课外培训班、主动上培训班的民办中小学学生生涯调适能力较强。

第八章 获 得 感

> **内容提要**
> 本章调查了我国东、中、西部民办高校和民办中小学学生的获得感情况,运用数据和图形展示了民办学校学生参与感、认同感、成就感、幸福感的发展情况。

获得感(sense of achievement)是学生在学习期间能够感知到的积极的心理感受,其在一定程度上影响着学生学习质量和学习效果。学校应严格要求和监督学生学习,引导学生在克服学习困难、取得学习成就方面投入更多的时间和精力,从而增强个体获得感。拥有较强获得感的学生,在其专业学习中更倾向积极参与各项活动、更认同学校和班集体、对学习活动具有更高的主动性和幸福感。

研究发现:

在民办学校学生样本中,有66.05%的民办学校学生对自身的获得感持积极态度,获得感各维度均值的高低排序为:成就感>幸福感>认同感>参与感。西部地区、男生、独生子女、家庭收支很富余、父母学历为研究生、成绩排名为上游的民办学校学生在获得感各维度上的均值相对较高。

一、研究综述

(一)核心概念

获得感指个体物质和精神层面的需求得到满足后产生的心理感受,是一种实实在在的、可以长久维持的得到。"获得感"追求的是"获得",着眼点在"感",个体有所收获满足感方会油然而生。[①]

学生获得感(students' sense of gain),指学生在学习期间,在自身需求满足情况、学业成就水平、校园活动参与机会和学校认同程度等方面综合的积极心理感受。[②] 提高学生获

[①] 张品."获得感"的理论内涵及当代价值[J].河南理工大学学报(社会科学版),2016,17(4):402-407.
[②] 周海涛,张墨涵,罗炜.我国民办高校学生获得感的调查与分析[J].高等教育研究,2016,37(9):54-59.

得感有助于增强学生学习满意度,进而提升学生学习质量。

(二)相关研究

学生获得感研究来源于习近平总书记"让人民群众有更多获得感"[①]的重要论述,这一重要指示加大了我国教育研究者对学生获得感的关注程度。学生获得感从学生个体角度出发,强调个体的觉察与感知,关注全体学生的获得感以及全过程、全方位的获得感。[②]也有研究者从教育实践的微观角度进行探析,专注于思想政治教育中的学生获得感,认为需要关注课程中学生获得感的能动性、真实性、正向性、持续性[③],关注学生的需求,坚持问题导向,从多个方面创新教育机制。[④]

提升大学生获得感是高等教育"以生为本"育人理念的重要体现。有研究者对民办高校学生获得感水平及影响因素进行了分析,结果发现当前民办高校学生获得感处于中等稍高水平,满足状况的均值最高,认同程度的均值最低。学生获得感与学习力、能力发展、情绪管理、创新素养呈显著正相关,其中,除创新素养外,其他因素与获得感的相关程度较强。[⑤]

中小学教育也要重视和提升学生获得感。重视学生的主体地位,既要让学生拥有看得见、摸得着的获得,例如优秀的学习条件、多样的课程资源、平等的学习机会等,也要让学生感受到学校环境中无形的获得,例如人文关怀下产生的尊严感和幸福感等。[⑥]

因此,提升学生获得感也尤为关键。从宏观角度来看,需要不断坚持党的领导,发挥其根本政治保证的作用,推动政府职能转变、践行群众路线,保障全体学生共建共享。[⑦]从微观角度来看,需要进一步强化课程改革,更新教学理念,合理安排教学内容,优化教学方法,强化教师队伍,在课堂教学的基础上突出生活实践的重要价值。[⑧]

二、数据分析

有66.05%的民办学校学生对获得感持积极态度(4~5分),28.20%的学生持中立态度(3分),仅有5.75%的学生持消极态度(1~2分)。在参与感、认同感、成就感、幸福感4个维度中,民办学校学生的成就感均值较高,达到3.950;参与感均值较低,为3.673(图8-1)。

---

① 习近平. 习近平时间|改善民生 让人民群众有更多获得感[EB/OL]. (2019-02-14). http://www.xinhuanet.com/video/2019-02/14/c_1210059377.htm.
② 赵南宁,张琳. 提升学生获得感:高校思想政治工作的时代要求[J]. 理论导刊,2018(12):101-105.
③ 张业振. 论思想政治教育获得感的内涵、逻辑及其实现[J]. 思想政治教育研究,2018,34(6):67-71.
④ 高燕,李扬. 创新教学机制 提升大学生对高校"形势与政策"课的获得感[J]. 思想理论教育导刊,2017(11):124-126.
⑤ 周海涛,张墨涵,刘炜. 我国民办高校学生获得感的调查与分析[J]. 高等教育研究,2016,37(9):54-59.
⑥ 王继兵. 学校教育:成全"人"的"获得感"[J]. 中小学管理,2015(7):28-30.
⑦ 赵南宁,张琳. 提升学生获得感:高校思想政治工作的时代要求[J]. 理论导刊,2018(12):101-105.
⑧ 张一. 大学生思想政治理论课获得感的制约因素及提升策略[J]. 思想理论教育导刊,2018(12):97-101.

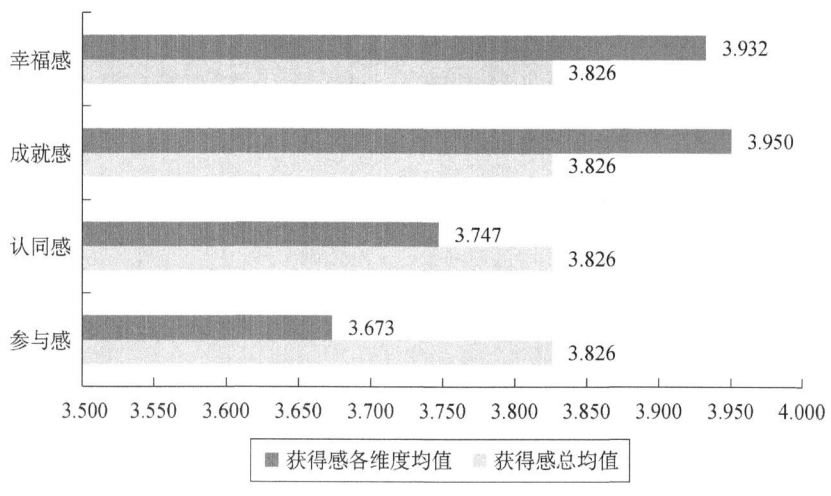

图 8-1 民办学校学生获得感各维度均值图

（一）参与感

1. 基本情况

参与感，指个体在加入社会群体或参与活动时产生的积极情感体验。学生积极参与学校内部的各项活动，既可以满足个体的精神需求，也有助于塑造个体全面发展的综合素质。

民办学校学生的参与感较弱，均值为3.673，在获得感各维度中均值最低。57.47%的民办学校的学生参与感较强（4～5分），33.31%的学生参与感一般（3分），仅有9.22%的学生参与感较弱（1～2分）。

2. 差异分析

（1）地区

通过显著性水平检验发现，不同地区民办学校学生的参与感存在显著差异（$p=0.000***<0.001$）。

在不同地区的分组比较中，东部地区民办学校学生的参与感（$M=3.723$）明显强于西部（$M=3.691$）和中部（$M=3.321$）地区学生。

其中，东部地区民办高校学生的参与感（$M=3.408$）明显强于中部地区（$M=3.318$）和西部地区（$M=3.316$）学生；东部地区民办中小学学生的参与感（$M=4.306$）明显强于中部地区（$M=3.801$）和西部地区（$M=3.891$）学生。

（2）性别

通过显著性水平检验发现，不同性别民办学校学生的参与感存在显著差异（$p=0.000***<0.001$）。

在不同性别的分组比较中，民办学校男生的参与感（$M=3.758$）明显强于女生

（$M=3.586$）。

其中，民办高校男生的参与感（$M=3.430$）明显强于女生（$M=3.319$）；民办中小学男生的参与感（$M=4.020$）明显强于女生（$M=3.977$）。

（3）是否独生子女

通过显著性水平检验发现，独生子女和非独生子女民办学校学生的参与感存在显著差异（$p=0.000***<0.001$）。

在是否独生子女的分组比较中，独生子女民办学校学生的参与感（$M=3.737$）明显强于非独生子女民办学校学生（$M=3.639$）。

其中，独生子女民办高校学生的参与感（$M=3.431$）明显强于非独生子女民办高校学生（$M=3.325$）；独生子女民办中小学学生的参与感（$M=4.181$）明显强于非独生子女民办中小学学生（$M=3.929$）。

（4）父母学历

通过显著性水平检验发现，不同父母学历民办学校学生的参与感存在显著差异（$p=0.000***<0.001$）。

在不同父母学历的分组比较中，父母学历为研究生的民办学校学生的参与感（$M=4.161$）明显强于其他学生，总体上呈现出父母学历越高参与感越强的趋势。

其中，父母学历为研究生的民办高校学生的参与感（$M=3.572$）明显强于其他学生，总体上呈现出父母学历越高参与感越强的趋势；父母学历为研究生的民办中小学学生的参与感（$M=4.335$）明显强于其他学生，总体上呈现出父母学历越高参与感越强的趋势。

（5）家庭收支情况

通过显著性水平检验发现，不同家庭收支情况民办学校学生的参与感存在显著差异（$p=0.000***<0.001$）。

在不同家庭收支情况的分组比较中，家庭收支富余很多的民办学校学生的参与感（$M=3.939$）明显强于其他家庭收入的学生，总体上呈现出家庭收支越富余学生参与感越强的趋势。

其中，家庭收支富余很多的民办高校学生的参与感（$M=3.665$）明显强于其他家庭收入学生，总体上呈现出收支越富余参与感越强的趋势；家庭收支比较富余的民办中小学学生的参与感（$M=4.390$）明显强于其他家庭收支情况的学生，家庭收支富余很多的民办中小学学生参与感（$M=4.290$）次之。

（6）成绩排名

通过显著性水平检验发现，不同成绩排名民办学校学生的参与感存在显著差异（$p=0.000***<0.001$）。

在不同成绩排名的分组比较中，成绩排名为上游民办学校学生的参与感（$M=3.831$）明显强于中游（$M=3.636$）和下游（$M=3.496$）学生，总体上呈现出成绩排名越靠前参与感越强的趋势。

其中，成绩排名为上游的民办高校学生的参与感（M=3.516）明显强于中游（M=3.330）和下游（M=3.314）学生，总体上呈现出成绩排名越靠前参与感越强的趋势；成绩排名为上游的民办中小学学生的参与感（M=4.227）明显强于中游（M=3.979）和下游（M=3.738）学生，总体上呈现出成绩排名越靠前参与感越强的趋势。

3. 结论

有 57.47%的民办学校学生的参与感较强，仍有 42.53%的民办学校学生的参与感有待提升。在民办学校学生样本中，学生参与感呈现出显著的地区、性别、家庭结构、父母学历、家庭收支情况、成绩排名等差异，西部地区、男生、独生子女、父母学历为研究生、家庭收支富余很多、成绩排名靠前的民办学校学生的参与感较强。

（二）认同感

1. 基本情况

认同感，是一种归属意识和身份认知，主要分为社会层面的认同和个人层面的认同。[①]学生拥有良好的认同感有助于提升学习积极性，增强学习满意度。

民办学校学生的认同感较弱，均值为 3.747，在获得感各维度中均值较低。62.03%的民办学校学生认同感较强（4~5 分），30.85%的学生认同感一般（3 分），仅有 7.12%的学生认同感较弱（1~2 分）。

2. 差异分析

（1）地区

通过显著性水平检验发现，不同地区民办学校学生的认同感存在显著差异（p=0.000***<0.001）。

在不同地区的分组比较中，东部地区民办学校学生的认同感（M=3.799）明显强于西部地区（M=3.764）和中部地区（M=3.394）学生。

其中，东部地区民办高校学生的认同感（M=3.480）明显强于中部地区（M=3.391）和西部地区（M=3.381）学生；东部地区民办中小学学生的认同感（M=4.382）明显强于中部地区（M=3.827）和西部地区（M=3.971）学生。

（2）性别

通过显著性水平检验发现，不同性别民办学校学生的认同感存在显著差异（p=0.000***<0.001）。

在不同性别的分组比较中，民办学校男生的认同感（M=3.827）明显强于女生认同感

[①] 徐艺璇. 大学生国家认同感影响因素研究[D]. 西南交通大学, 2019.

（M=3.666）。

其中，民办高校男生的认同感（M=3.484）明显强于女生（M=3.400）；民办中小学男生的认同感（M=4.101）明显强于女生（M=4.055）。

（3）是否独生子女

通过显著性水平检验发现，独生子女和非独生子女民办学校学生的认同感存在显著差异（p=0.000***<0.001）。

在是否独生子女的分组比较中，独生子女民办学校学生的认同感（M=3.798）明显强于非独生子女民办学校学生（M=3.720）。

其中，独生子女民办高校学生的认同感（M=3.492）明显强于非独生子女民办高校学生（M=3.401）；独生子女民办中小学学生的认同感（M=4.244）明显强于非独生子女民办中小学学生（M=4.015）。

（4）父母学历

通过显著性水平检验发现，不同父母学历民办学校学生的认同感存在显著差异（p=0.000***<0.001）。

在不同父母学历的分组比较中，父母学历为研究生的民办学校学生的认同感（M=4.149）明显强于其他学生，总体上呈现出父母学历越高学生认同感越强的趋势。

其中，父母学历为研究生的民办高校学生的认同感（M=3.546）明显强于其他学生，总体上呈现出父母学历越高学生认同感越强的趋势；父母学历为专科或本科的民办中小学学生的认同感（M=4.341）明显强于其他学生，父母学历为研究生的民办中小学学生的认同感次之（M=4.328）。

（5）家庭收支情况

通过显著性水平检验发现，不同家庭收支情况民办学校学生的认同感存在显著差异（p=0.000***<0.001）。

在不同家庭收支情况的分组比较中，家庭收支富余很多的民办学校学生的认同感（M=3.915）明显强于其他家庭收入的学生，家庭收入中等的民办学校学生的认同感次之（M=3.886），总体上呈现出家庭收支越富余学生认同感越强的趋势。

其中，家庭收支富余很多的民办高校学生的认同感（M=3.615）明显强于其他家庭收入的学生，总体上呈现出家庭收支越富余学生认同感越强的趋势；家庭收支比较富余的民办中小学学生的认同感（M=4.413）明显强于其他家庭收入的学生，家庭收支富余很多的民办中小学学生的认同感次之（M=4.299）。

（6）成绩排名

通过显著性水平检验发现，不同成绩排名民办学校学生的认同感存在显著差异（p=0.000***<0.001）。

在不同成绩排名的分组比较中，成绩排名为上游的民办学校学生的认同感（M=3.831）明显强于中游（M=3.728）和下游（M=3.650）学生，总体上呈现出成绩排名越靠前学生认同感越强的趋势。

其中，成绩排名为上游的民办高校学生的认同感（$M=3.511$）明显强于中游（$M=3.423$）和下游（$M=3.298$）学生，总体上呈现出成绩排名越靠前认同感越强的趋势；成绩排名为上游的民办中小学学生的认同感（$M=4.234$）明显强于中游（$M=4.072$）和下游（$M=3.885$）学生，总体上呈现出成绩排名越靠前学生认同感越强的趋势。

3. 结论

62.03%的民办学校学生认同感较强，仍有37.97%的民办学校学生的认同感有待提升。在民办学校学生样本中，学生认同感呈现出显著的地区、性别、家庭结构、父母学历、家庭收支情况、成绩排名等差异，西部地区、男生、独生子女、父母学历高、家庭收支富余很多、成绩排名靠前的民办学校学生认同感较强。

（三）成就感

1. 基本情况

成就感，是指个体通过自身努力，在克服困难、取得成功、满足需求后所产生的一种积极情感体验。[①]拥有较强的成就感有助于学生增加学习投入，形成"成就感-学习投入-高成就感"的良性循环。

民办学校学生的成就感较强，均值为3.950，在移动学习素养各维度中均值最高。有72.92%的民办学校学生成就感较强（4～5分），23.93%的学生成就感一般（3分），仅有3.15%的学生成就感较弱（1～2分）。

2. 差异分析

（1）地区

通过显著性水平检验发现，不同地区民办学校学生的成就感存在显著差异（$p=0.000***<0.001$）。

在不同地区的分组比较中，东部地区民办学校学生的成就感（$M=4.002$）明显强于西部地区（$M=3.960$）和中部地区（$M=3.626$）学生。

其中，东部地区民办高校学生的成就感（$M=3.730$）明显强于中部地区（$M=3.624$）和西部地区（$M=3.677$）学生；东部地区民办中小学学生的成就感（$M=4.459$）明显强于中部地区（$M=3.987$）和西部地区（$M=4.136$）学生。

（2）性别

通过显著性水平检验发现，不同性别民办学校学生的成就感存在显著差异

---

① 杨珍. 农村初中教师职业成就感研究[D]. 天津师范大学，2019.

（$p=0.000^{***}<0.001$）。

在不同性别的分组比较中，民办学校男生的成就感（$M=3.986$）明显强于女生（$M=3.914$）。

（3）是否独生子女

通过显著性水平检验发现，独生子女和非独生子女民办学校学生的成就感存在显著差异（$p=0.000^{***}<0.001$）。

在是否独生子女的分组比较中，独生子女民办学校学生的成就感（$M=3.979$）明显强于非独生子女民办学校学生（$M=3.934$）。

其中，独生子女民办高校学生的成就感（$M=3.723$）明显强于非独生子女民办高校学生（$M=3.679$）；独生子女民办中小学学生的成就感（$M=4.351$）明显强于非独生子女民办中小学学生（$M=4.170$）。

（4）父母学历

通过显著性水平检验发现，不同父母学历民办学校学生的成就感存在显著差异（$p=0.000^{***}<0.001$）。

在不同父母学历的分组比较中，父母学历为研究生的民办学校学生的成就感（$M=4.292$）明显强于其他学生，总体上呈现出父母学历越高学生成就感越强的趋势。

其中，父母学历为研究生的民办高校学生的成就感（$M=3.778$）明显强于其他学生，总体上呈现出父母学历越高学生成就感越强的趋势；父母学历为研究生的民办中小学学生的成就感（$M=4.445$）明显强于其他学生，整体上呈现出父母学历越高学生成就感越强的趋势。

（5）家庭收支情况

通过显著性水平检验发现，不同家庭收支情况民办学校学生的成就感存在显著差异（$p=0.000^{***}<0.001$）。

在不同家庭收支情况的分组比较中，家庭收支富余很多的民办学校学生的成就感（$M=4.083$）明显强于其他家庭收支情况的学生，家庭收支情况中等的民办学校学生的成就感最弱（$M=3.403$）。

其中，家庭收支富余很多的民办高校学生的成就感（$M=3.849$）明显强于其他家庭收支情况的学生，总体上呈现出收支越富余学生成就感越强的趋势；家庭收支比较富余的民办中小学学生的成就感（$M=4.529$）明显强于其他家庭收支情况的学生，家庭收支富余很多的民办中小学学生的成就感次之（$M=4.382$）。

（6）成绩排名

通过显著性水平检验发现，不同成绩排名民办学校学生的成就感存在显著差异（$p=0.000^{***}<0.001$）。

在不同成绩排名的分组比较中，成绩排名为上游的民办学校学生的成就感（$M=4.101$）明显强于中游（$M=3.914$）和下游（$M=3.783$）学生，总体上呈现出成绩排名越靠前学生成就感越强的趋势。

其中，成绩排名为上游的民办高校学生的成就感（M=3.853）明显强于中游（M=3.654）和下游（M=3.474）学生，总体上呈现出成绩排名越靠前成就感越强的趋势；成绩排名为上游的民办中小学学生的成就感（M=4.413）明显强于中游（M=4.207）和下游（M=3.989）学生，总体上呈现出成绩排名越靠前学生成就感越高的趋势。

3. 结论

72.92%的民办学校学生成就感较强，仍有27.08%的民办学校学生的成就感有待提升。在民办学校学生样本中，学生成就感呈现出显著的地区、性别、家庭结构、父母学历、家庭收支情况、成绩排名等差异，西部地区、男生、独生子女、父母学历高、家庭收支富余很多、成绩排名靠前的民办学校学生成就感较强。

（四）幸福感

1. 基本情况

幸福感，是指个体对自己的物质和精神生活环境的积极的肯定程度。[①] 学生感知到的幸福感是对学校学习和生活状态的肯定，幸福感有助于提升学生的人际交往能力，增强学生对大学生活的满意度。

民办学校学生幸福感水平较高，均值为3.932，在获得感各维度中均值较高。有66.05%的民办学校学生幸福感水平较高（4~5分），28.20%的学生幸福感水平一般（3分），仅有5.75%的学生幸福感水平较低（1~2分）。

2. 差异分析

（1）地区

通过显著性水平检验发现，不同地区民办学校学生的幸福感存在显著差异（p=0.000***<0.001）。

在不同地区的分组比较中，东部地区民办学校学生的幸福感水平（M=3.976）明显高于西部地区（M=3.949）和中部地区（M=3.614）学生。

其中，东部地区民办高校学生的幸福感水平（M=3.715）明显高于中部地区（M=3.611）和西部地区（M=3.631）学生；东部地区民办中小学学生的幸福感水平（M=4.459）明显高于中部地区（M=4.029）和西部地区（M=4.118）学生。

（2）性别

通过显著性水平检验发现，不同性别民办学校学生的幸福感存在显著差异（p=0.000***<0.001）。

[①] 邢占军. 心理体验与幸福指数[J]. 人民论坛，2005（1）：31-33.

在不同性别的分组比较中，民办学校男生的幸福感水平（M=3.982）明显高于女生（M=3.881）。

其中，民办高校男生的幸福感水平（M=3.694）明显高于女生（M=3.657）。

（3）是否独生子女

通过显著性水平检验发现，独生子女与非独生子女民办学校学生的幸福感存在显著差异（p=0.000***<0.001）。

在是否独生子女的分组比较中，独生子女民办学校学生的幸福感水平（M=3.968）明显强于非独生子女民办学校学生（M=3.912）。

其中，独生子女民办高校学生的幸福感水平（M=3.712）明显高于非独生子女民办高校学生（M=3.647）；独生子女民办中小学学生的幸福感水平（M=4.340）明显高于非独生子女民办中小学学生（M=4.157）。

（4）父母学历

通过显著性水平检验发现，不同父母学历民办学校学生的幸福感存在显著差异（p=0.000***<0.001）。

在不同父母学历的分组比较中，父母学历为研究生的民办学校学生的幸福感水平（M=4.275）明显高于其他学生，总体上呈现出父母学历越高学生幸福感水平越高的趋势。

其中，父母学历为研究生的民办高校学生的幸福感水平（M=3.762）明显高于其他学生，总体上呈现出父母学历越高学生幸福感水平越高的趋势；父母学历为研究生的民办中小学学生的幸福感水平（M=4.427）明显高于其他学生，整体上呈现出父母学历越高学生幸福感水平越高的趋势。

（5）家庭收支情况

通过显著性水平检验发现，不同家庭收支情况民办学校学生的幸福感存在显著差异（p=0.000***<0.001）。

在不同家庭收支情况的分组比较中，家庭收支富余很多的民办学校学生的幸福感水平（M=4.073）明显高于其他家庭收入的学生，家庭收入中等民办学校学生的幸福感水平次之（M=4.029）。

其中，家庭收支富余很多的民办高校学生的幸福感水平（M=3.842）明显高于其他家庭收入的学生，总体上呈现出家庭收支越富余学生幸福感水平越高的趋势；家庭收支比较富余的民办中小学学生的幸福感水平（M=4.508）明显高于其他家庭收入学生，家庭收支富余很多的民办中小学学生的幸福感水平次之（M=4.368）。

（6）成绩排名

通过显著性水平检验发现，不同成绩排名民办学校学生的幸福感存在显著差异（p=0.000***<0.001）。

在不同成绩排名的分组比较中，成绩排名为上游的民办学校学生的幸福感水平（M=4.061）明显高于中游（M=3.898）和下游（M=3.798）学生，总体上呈现出成绩排名越靠前幸福感水平越高的趋势。

其中,成绩排名为上游民办高校学生的幸福感水平(M=3.809)明显高于中游(M=3.635)和下游(M=3.486)学生,总体上呈现出成绩排名越靠前幸福感水平越高的趋势;成绩排名为上游的民办中小学学生的幸福感水平(M=4.378)明显高于中游(M=4.195)和下游(M=4.007)学生,总体上呈现出成绩排名越靠前幸福感水平越高的趋势。

3. 结论

有66.05%的民办学校学生的幸福感水平较高,仍有33.95%的民办学校学生幸福感有待提升。在民办学校学生样本中,学生的幸福感呈现出显著的地区、性别、家庭结构、父母学历、家庭收支情况、成绩排名等差异,西部地区、男生、独生子女、父母学历较高、家庭收支富余很多、成绩排名靠前的民办学校学生幸福感水平较高。

第九章　移动学习素养

> **内容提要**
> 本章调查了我国东、中、西部民办高校学生的移动学习素养发展情况，运用数据和图形展示了民办学校学生学习效果、使用能力、态度意识的发展情况。

移动学习素养是学生进行移动学习的必备素养和能力，其影响着学生的移动学习效率和效果。随着 5G 时代的到来，人工智能、物联网、区块链、大数据等技术快速发展迭代，学生学习将部分转向移动终端。拥有较高移动学习素养的学生，将在其专业学习中表现出更好的灵活性、批判性、互动性和创造性。

研究发现：

在民办高校学生样本中，有 **49.34%** 的民办高校学生对自身移动学习素养持积极态度，移动学习素养各维度均值的高低排序为：态度意识>学习效果>使用能力。来自东部地区、一线城市（北上广深）、办学层次为研究生和本科、在校生规模在 3 万人以上、独立学院、学科以艺术类为主等学校背景特征的民办高校学生在移动学习素养各维度上的均值相对较高。具有男生、独生子女、城市、家庭收支富余、父母学历高、就读文法类专业、第一志愿、有学生干部经历、有创业经历、成绩排名靠前等个人背景特征的民办高校学生在移动学习素养各维度上的均值相对较高。

一、研 究 综 述

（一）核心概念

移动学习（mobile learning），是指学习者在自己需要学习的任何时间、任何地点通过移动设备（如手机、具有无线通信模块的 iPad 等）和无线通信网络获取学习资源，与他人进行交流和协作，实现个人与社会知识建构的过程。[1] 随着信息技术的发展、生活节奏的加快和人民群众教育需求的日益个性化，移动学习的便捷性、自主性、个性化和情境性等

---

[1] 余胜泉. 从知识传递到认知建构、再到情境认知——三代移动学习的发展与展望[J]. 中国电化教育, 2007（6）：7-18.

特征[1]将使其在教育活动中越来越常见。

移动学习素养（mobile information literacy），是移动学习和信息素养的延伸拓展，是顺应移动互联网发展要求而产生的概念，指通过移动设备快速获取信息和识别信息可信度的能力。[2] 即个体在移动互联网环境下，利用移动设备对所需要的信息进行搜集、整理、加工、利用、交流等活动，以实现目的、完成任务或解决问题的综合能力。对大学生群体来说，就是其参与移动学习的信息素养。

（二）相关研究

OECD发布"塑造教育趋势"系列的最新报告《回到教育的未来：经合组织关于学校教育的四种途径》，该报告提出四种未来学校教育图景，包括学校教育扩展（schooling extended）、教育外包（education outsourced）、学校作为学习中心（school as learning hubs）、无边界学习（learn-as-you-go）。[3] 其中，无边界学习就是随时随地可以进行的教育，这将依赖数字化、人工智能、虚拟现实、物联网、智能基础设施等信息科学技术，来创建安全、资源丰富的公共或私人学习空间。

无边界学习的未来教育图景要求学生具备一定的移动学习素养，以完成所需要的移动学习。事实上，COVID-19疫情期间，全球学生都进入了大规模的在线学习状态，其中不乏学生利用移动设备开展不受时空限制的移动学习。研究证实，基于移动终端的教学能在整体上提升学生的"外在目标导向"，能够显著提升成绩中等学生的"寻求帮助"策略和成绩较差学生的"组织"策略；对学生学习动机、学习策略的影响存在显著性差异，对不同学生群体学习动机的影响也存在显著性差异。[4] 基于92项移动学习实验和准实验研究的元分析也证实，利用移动学习能够显著提升学习者的认知类学习绩效。[5]

学生具备移动学习素养则能放大移动学习具有的灵活性、普及性、个性化、移动性等特征，更有助于实现移动学习的4A（anyone，anytime，anywhere，anystyle）目标，高效完成学习任务，有效提升学业成绩。对高校学生的移动学习素养的要求更高于其余阶段的学生。高校学生需要从海量的文献资源中查找检索到最适合的阅读资源，并从中辨别出最有效的针对性信息，且需满足随时阅读、碎片化学习的学习模式。一项基于公办高校大学生的调查研究发现，大学生在移动学习环境下的信息素养存在内涵认识不到位、辨别能力待增强、专业素养待提升、创新能力有欠缺、信息道德待提高、培养体系尚缺乏、设备昂

---

[1] 黄荣怀，王晓晨，李玉顺. 面向移动学习的学习活动设计框架[J]. 远程教育杂志，2009，17（1）：3-7.
[2] Parry D. Mobile perspectives：On teaching mobile literacy[J]. Educause Review，2011，46（2）：14-16.
[3] OECD. Back to the future of education：Four OECD scenarios for schooling，educational research and innovation[R]. Paris：OECD Publishing，2020：7.
[4] 朱莎，杨浩，徐顺. 基于移动终端的教学对学习动机和策略的影响[J]. 电化教育研究，2018，39（2）：86-92.
[5] 郑兰琴，崔盼盼，李欣. 移动学习能促进学习绩效吗——基于2011-2017年国际英文期刊92项研究的元分析[J]. 现代远程教育研究，2018（6）：45-54.

贵难支持等问题。①

21世纪以来，民办高校进入提高教育质量的内涵发展期，但相比"双一流"高校和同层次公办高校来说仍有差距。民办高校学生对优秀教师、优质资源的需求更甚于公办高校学生。提升民办高校学生的移动学习素养，有助于满足民办高校学生对高质量、多元化、个性化教育的需求。一方面，宜推广移动设备的使用。功能更为多样，能支持交互的移动设备更有利于促进师生互动，提升学生交流意愿，增强学习效果。在课程教学中使用移动设备也能唤醒大多数的沉默学习者，并借助同步互动平台形成动态课堂。另一方面，宜加强移动学习素养教育。构建移动学习共同体，将其融合渗透进学科教学，结合移动情境教学及时进行学习效果评估等，有效帮助学习者提升移动学习素养。② 在知识社会，移动学习素养将与读写能力同等重要。

二、数 据 分 析

有49.34%的民办高校学生对自身移动学习素养持积极态度（4～5分），45.35%的学生持中立态度（3分），仅5.30%的学生持消极态度（1～2分）。在态度意识、使用能力和学习效果3个维度中，民办高校学生的态度意识均值较高，达到3.599；使用能力均值较低，为3.493，学习效果均值居中，为3.518（图9-1）。

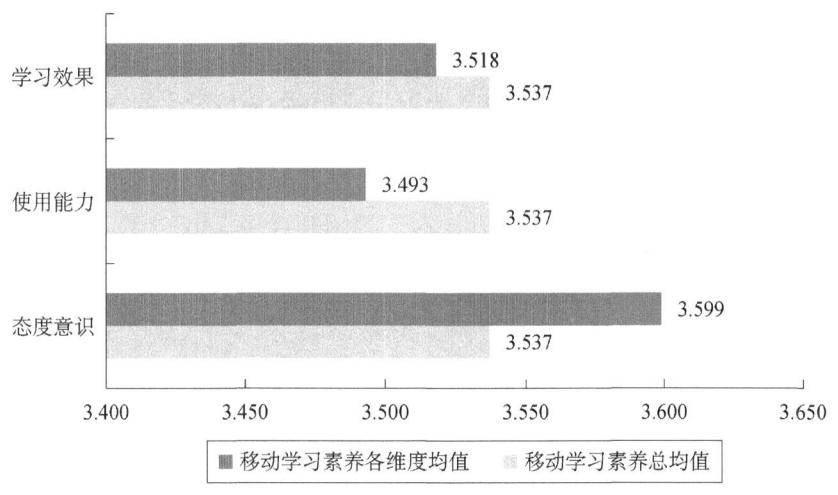

图9-1 民办高校学生移动学习素养各维度均值图

---

① 艾丹, 吴晓瑞, 魏亚爽. 移动学习环境下大学生信息素养的现状调查与分析[J]. 软件导刊（教育技术）, 2016, 15（7）: 62-65.
② 朱涵, 郭劲赤. 美国《高等教育信息素养框架工具包》对移动学习素养教育的启示[J]. 图书馆学研究, 2020（16）: 2-8.

（一）态度意识

1. 基本情况

态度意识是移动学习素养的基础内容，是人们对信息、信息活动与信息需求的认识和态度，是对信息的感受力、注意力和判断洞察力。[①] 其外化表现为对移动信息、移动学习的认识和态度，以及对其重要性的认识和态度。

民办高校学生的态度意识较强，均值为 3.599，在移动学习素养各维度中均值较高。有 53.52% 的民办高校学生态度意识较强（4～5 分），42.09% 的学生态度意识一般（3 分），仅有 4.39% 的学生态度意识较弱（1～2 分）。

2. 差异分析

（1）地区

通过显著性水平检验发现，不同地区民办高校学生的态度意识存在显著差异（$p=0.000^{***}<0.001$）。

在不同地区的分组比较中，东部地区民办高校学生的态度意识（$M=3.655$）明显强于中部地区（$M=3.544$）和西部地区（$M=3.524$）学生。

（2）校区

通过显著性水平检验发现，不同校区民办高校学生的态度意识存在显著差异（$p=0.000^{***}<0.001$）。

在不同校区的分组比较中，一线城市（北上广深）民办高校学生的态度意识（$M=3.627$）明显强于地级市及其他（$M=3.608$）和省会城市（$M=3.587$）学生。

（3）办学层次

通过显著性水平检验发现，不同办学层次民办高校学生的态度意识存在显著差异（$p=0.000^{***}<0.001$）。

在不同办学层次的分组比较中，研究生（$M=3.654$）和本科（$M=3.636$）民办高校学生的态度意识明显强于专科民办高校学生（$M=3.487$），总体上呈现出办学层次越高态度意识越强的趋势。

（4）办学年限

通过显著性水平检验发现，不同办学年限民办高校学生的态度意识存在显著差异（$p=0.001^{**}<0.01$）。

在不同办学年限的分组比较中，办学年限为 21～30 年的民办高校学生的态度意识（$M=3.646$）明显强于其他办学年限民办高校的学生，办学年限为 10 年及以下民办高校的学生的态度意识稍弱（$M=3.527$）。

[①] 孔祥辉，牛国强. 移动信息素养内涵与要素探析[J]. 大学图书情报学刊，2015，33（6）：97-101.

（5）在校生规模

通过显著性水平检验发现，不同在校生规模民办高校学生的态度意识存在显著差异（$p=0.000***<0.001$）。

在不同在校生规模的分组比较中，在校生规模在3万人以上的民办高校学生的态度意识（$M=3.649$）明显强于其他在校生规模民办高校的学生，在校生规模为1万人以下民办高校的学生态度意识稍弱（$M=3.589$）。

（6）学校类型

通过显著性水平检验发现，不同学校类型民办高校学生的态度意识存在显著差异（$p=0.000***<0.001$）。

在不同学校类型的分组比较中，独立学院学生的态度意识（$M=3.631$）明显强于普通民办院校学生（$M=3.552$）。

（7）学科类型

通过显著性水平检验发现，不同学科类型民办高校学生的态度意识存在显著差异（$p=0.000***<0.001$）。

在不同学科类型的分组比较中，艺术类为主民办高校学生的态度意识（$M=3.678$）明显强于其他学科类型的学生，体育类为主民办高校学生的态度意识稍弱（$M=3.487$）。

（8）性别

通过显著性水平检验发现，不同性别民办高校学生的态度意识存在显著差异（$p=0.000***<0.001$）。

在不同性别的分组比较中，民办高校男生的态度意识（$M=3.622$）明显强于女生（$M=3.581$）。

（9）是否独生子女

通过显著性水平检验发现，独生子女和非独生子女民办高校学生的态度意识存在显著差异（$p=0.000***<0.001$）。

在是否独生子女的分组比较中，独生子女民办高校学生的态度意识（$M=3.669$）明显强于非独生子女民办高校学生（$M=3.553$）。

（10）家庭所在地

通过显著性水平检验发现，不同家庭所在地民办高校学生的态度意识存在显著差异（$p=0.000***<0.001$）。

在不同家庭所在地的分组比较中，民办高校城市学生的态度意识（$M=3.681$）明显强于乡镇（$M=3.565$）和农村（$M=3.599$）学生。

（11）家庭收支情况

通过显著性水平检验发现，不同家庭收支情况民办高校学生的态度意识存在显著差异（$p=0.000***<0.001$）。

在不同家庭收支情况的分组比较中，家庭收支富余很多的民办高校学生的态度意识

（M=3.822）明显强于其他家庭收入的学生，总体上呈现出家庭收支越富余学生态度意识越强的趋势。

（12）父母学历

通过显著性水平检验发现，不同父母学历民办高校学生的态度意识存在显著差异（p=0.000***<0.001）。

在不同父母学历的分组比较中，父母学历为研究生的民办高校学生的态度意识（M=3.784）明显强于其他学生，总体上呈现出父母学历越高态度意识越强的趋势。

（13）就读层次

通过显著性水平检验发现，不同就读层次民办高校学生的态度意识存在显著差异（p=0.000***<0.001）。

在不同就读层次的分组比较中，就读层次为研究生（M=3.642）和本科（M=3.642）民办高校的学生的态度意识明显强于专科民办高校学生（M=3.493），总体上呈现出就读层次越高态度意识越强的趋势。

（14）年级

通过显著性水平检验发现，不同年级民办高校学生的态度意识存在显著差异（p=0.000***<0.001）。

在不同年级的分组比较中，民办高校大四学生的态度意识（M=3.379）明显强于其他年级学生，总体上基本呈现年级越高态度意识越强的趋势。

（15）专业类型

通过显著性水平检验发现，不同专业类型民办高校学生的态度意识存在显著差异（p=0.000***<0.001）。

在不同专业类型的分组比较中，文法类民办高校学生的态度意识（M=3.664）明显强于其他专业类型民办高校学生，农学类民办高校学生的态度意识稍弱（M=3.456）。

（16）志愿类型

通过显著性水平检验发现，不同志愿类型民办高校学生的态度意识存在显著差异（p=0.000***<0.001）。

在不同志愿类型的分组比较中，第一志愿民办高校学生的态度意识（M=3.644）明显强于非第一志愿学生（M=3.549）。

（17）学生干部经历

通过显著性水平检验发现，不同学生干部经历民办高校学生的态度意识存在显著差异（p=0.000***<0.001）。

在不同学生干部经历的分组比较中，有学生干部经历的民办高校学生的态度意识（M=3.655）明显强于无学生干部经历的学生（M=3.542）。

（18）创业经历

通过显著性水平检验发现，不同创业经历民办高校学生的态度意识存在显著差异

（$p=0.000^{***}<0.001$）。

在不同创业经历的分组比较中，有创业经历的民办高校学生的态度意识（$M=3.684$）明显强于无创业经历的学生（$M=3.588$）。

（19）成绩排名

通过显著性水平检验发现，不同成绩排名民办高校学生的态度意识存在显著差异（$p=0.000^{***}<0.001$）。

在不同成绩排名的分组比较中，成绩排名为上游的民办高校学生的态度意识（$M=3.689$）明显强于中游（$M=3.573$）和下游（$M=3.475$）学生，总体上呈现出成绩排名越靠前态度意识越强的趋势。

3. 结论

有 53.52% 的民办高校学生态度意识较强，仍有 46.48% 的民办高校学生的态度意识有待加强。在民办高校学生样本中，学校背景特征及个人背景特征对学生的态度意识有显著影响。从学校背景特征看，民办高校学生的态度意识呈现出显著的地区、校区、办学层次、办学年限、在校生规模、学校类型和学科类型差异，东部地区、一线城市（北上广深）、办学层次为研究生和本科、办学年限在21～30年、在校生规模在3万人以上、独立学院、艺术类为主民办高校的学生态度意识较强。从个人背景特征看，民办高校学生的态度意识呈现出显著的性别、家庭结构、家庭所在地、家庭收支情况、父母学历、就读层次、专业、志愿类型、学生干部经历、创业经历、成绩排名差异，男生、独生子女、家庭所在地为城市、家庭收支富余很多、父母学历高、就读层次为研究生和本科、大四、文法类、第一志愿、有学生干部经历、有创业经历、成绩排名靠前的民办高校学生的态度意识较强。

（二）使用能力

1. 基本情况

使用能力是通过一系列移动设备进行移动学习，以及利用移动设备获取信息的频率、程度和能力[1]，即随时随地、经常使用、合理利用移动学习获取知识的能力。

民办高校学生的使用能力较弱，均值为 3.493，在移动学习素养各维度中均值较低。有 47.18% 的民办高校学生使用能力较强（4～5分），45.71% 的学生使用能力一般（3分），7.11% 的学生使用能力较弱（1～2分）。

2. 差异分析

（1）地区

通过显著性水平检验发现，不同地区民办高校学生的使用能力存在显著差异

---

[1] 金婷. 高校图书馆移动信息素养教育研究[D]. 辽宁师范大学，2017.

（$p=0.000^{***}<0.001$）。

在不同地区的分组比较中，东部地区民办高校学生的使用能力（$M=3.552$）明显强于中部地区（$M=3.447$）和西部地区（$M=3.408$）学生。

（2）校区

通过显著性水平检验发现，不同校区民办高校学生的使用能力存在显著差异（$p=0.000^{***}<0.001$）。

在不同校区的分组比较中，一线城市（北上广深）民办高校学生的使用能力（$M=3.550$）明显强于地级市及其他（$M=3.504$）和省会城市（$M=3.479$）学生。

（3）办学层次

通过显著性水平检验发现，不同办学层次民办高校学生的使用能力存在显著差异（$p=0.000^{***}<0.001$）。

在不同办学层次的分组比较中，研究生（$M=3.541$）和本科（$M=3.526$）民办高校学生的使用能力明显强于专科民办高校学生（$M=3.395$），总体上呈现出办学层次越高使用能力越强的趋势。

（4）办学年限

通过显著性水平检验发现，不同办学年限民办高校学生的使用能力存在显著差异（$p=0.001^{**}<0.01$）。

在不同办学年限的分组比较中，办学年限为 41 年及以上民办高校的学生的使用能力（$M=3.563$）明显强于其他办学年限民办高校的学生，办学年限为 10 年及以下民办高校的学生使用能力稍弱（$M=3.421$）。

（5）在校生规模

通过显著性水平检验发现，不同在校生规模民办高校学生的使用能力存在显著差异（$p=0.000^{***}<0.001$）。

在不同在校生规模的分组比较中，在校生规模在 3 万人以上的民办高校学生的使用能力（$M=3.562$）明显强于其他在校生规模民办高校的学生，在校生规模为 1 万人以下的学生使用能力稍弱（$M=3.475$）。

（6）学校类型

通过显著性水平检验发现，不同学校类型民办高校学生的使用能力存在显著差异（$p=0.000^{***}<0.001$）。

在不同学校类型的分组比较中，独立学院学生的使用能力（$M=3.522$）明显强于普通民办院校学生（$M=3.452$）。

（7）学科类型

通过显著性水平检验发现，不同学科类型民办高校学生的使用能力存在显著差异（$p=0.000^{***}<0.001$）。

在不同学科类型的分组比较中，艺术类为主民办高校学生的使用能力（$M=3.571$）明显强于其他学科类型学生，体育类为主学生的使用能力稍弱（M=3.436）。

（8）性别

通过显著性水平检验发现，不同性别民办高校学生的使用能力存在显著差异（p=0.000***<0.001）。

在不同性别的分组比较中，民办高校男生的使用能力（M=3.534）明显强于女生（M=3.462）。

（9）是否独生子女

通过显著性水平检验发现，独生子女和非独生子女民办高校学生的使用能力存在显著差异（p=0.000***<0.001）。

在是否独生子女的分组比较中，独生子女民办高校学生的使用能力（M=3.571）明显强于非独生子女民办高校学生（M=3.443）。

（10）家庭所在地

通过显著性水平检验发现，不同家庭所在地民办高校学生的使用能力存在显著差异（p=0.000***<0.001）。

在不同家庭所在地的分组比较中，民办高校城市学生的使用能力（M=3.580）明显强于乡镇（M=3.467）和农村（M=3.437）学生。

（11）家庭收支情况

通过显著性水平检验发现，不同家庭收支情况民办高校学生的使用能力存在显著差异（p=0.000***<0.001）。

在不同家庭收支情况的分组比较中，家庭收支富余很多的民办高校学生的使用能力（M=3.743）明显强于其他家庭收入的学生，总体上呈现出收支越富余使用能力越强的趋势。

（12）父母学历

通过显著性水平检验发现，不同父母学历民办高校学生的使用能力存在显著差异（p=0.000***<0.001）。

在不同父母学历的分组比较中，父母学历为研究生的民办高校学生的使用能力（M=3.679）明显强于其他学生，总体上呈现出父母学历越高使用能力越强的趋势。

（13）就读层次

通过显著性水平检验发现，不同就读层次民办高校学生的使用能力存在显著差异（p=0.000***<0.001）。

在不同就读层次的分组比较中，民办高校研究生（M=3.625）的使用能力明显强于本科（M=3.530）和专科（M=3.403）学生，总体上呈现出就读层次越高使用能力越强的趋势。

（14）年级

通过显著性水平检验发现，不同年级民办高校学生的使用能力存在显著差异（p=0.000***<0.001）。

在不同年级的分组比较中，民办高校大五学生的使用能力（M=3.693）明显强于其他年级学生，大二学生的使用能力稍弱（$M=3.472$）。

（15）专业类型

通过显著性水平检验发现，不同专业类型民办高校学生的使用能力存在显著差异（$p=0.000***<0.001$）。

在不同专业类型的分组比较中，文法类民办高校学生的使用能力（$M=3.555$）明显强于其他专业类型学生，农学类学生的使用能力稍弱（$M=3.406$）。

（16）志愿类型

通过显著性水平检验发现，不同志愿类型民办高校学生的使用能力存在显著差异（$p=0.000***<0.001$）。

在不同志愿类型的分组比较中，第一志愿民办高校学生的使用能力（$M=3.542$）明显强于非第一志愿学生（$M=3.440$）。

（17）学生干部经历

通过显著性水平检验发现，不同学生干部经历民办高校学生的使用能力存在显著差异（$p=0.000***<0.001$）。

在不同学生干部经历的分组比较中，有学生干部经历的民办高校学生的使用能力（$M=3.549$）明显强于无学生干部经历的学生（$M=3.436$）。

（18）创业经历

通过显著性水平检验发现，不同创业经历民办高校学生的使用能力存在显著差异（$p=0.000***<0.001$）。

在不同创业经历的分组比较中，有创业经历的民办高校学生的使用能力（$M=3.603$）明显强于无创业经历的学生（$M=3.480$）。

（19）成绩排名

通过显著性水平检验发现，不同成绩排名民办高校学生的使用能力存在显著差异（$p=0.000***<0.001$）。

在不同成绩排名的分组比较中，成绩排名为上游的民办高校学生的使用能力（$M=3.581$）明显强于中游（$M=3.469$）和下游（$M=3.371$）学生，总体上呈现出成绩排名越靠前使用能力越强的趋势。

3. 结论

有 47.18% 的民办高校学生使用能力较强，仍有 52.82% 的民办高校学生的使用能力有待加强。在民办高校学生样本中，学校背景特征及个人背景特征对学生的使用能力有显著影响。从学校背景特征看，民办高校学生的使用能力呈现出显著的地区、校区、办学层次、办学年限、在校生规模、学校类型和学科类型差异，东部地区、一线城市（北上广深）、办学层次为研究生和本科、办学年限在 41 年及以上、在校生规模在 3 万人以上、独立学院、艺术类为主民办高校的学生使用能力较强。从个人背景特征看，民办高校学生的使用能力呈现出显著的性别、家庭结构、家庭所在地、家庭收支情况、父母学历、就读层次、专业类型、志愿类型、学生干部经历、创业经历、成绩排名等差异，男生、独生子女、家庭所在地为城市、家庭收支富余很多、父母学历高、就读层次为研究生和本科、大五、文法类、第一志愿、有学生干部经历、有创业经历、成绩排名靠前的民办高校学生使用能力较强。

（三）学习效果

1. 基本情况

学习效果是移动学习素养的评估重点之一。对大学生来说，灵活有效地获取信息十分重要，而且对于大学生群体来说，这种效果应与学术目的相结合[①]。

民办高校学生的学习效果较好，均值为3.518，在移动学习素养各维度中均值居中。有47.33%的民办高校学生学习效果较好（4～5分），48.26%的学生学习效果一般（3分），4.41%的学生学习效果较差（1～2分）。

2. 差异分析

（1）地区

通过显著性水平检验发现，不同地区民办高校学生的学习效果存在显著差异（$p=0.000***<0.001$）。

在不同地区的分组比较中，东部地区民办高校学生的学习效果（$M=3.574$）明显好于中部地区（$M=3.468$）和西部地区（$M=3.439$）学生。

（2）校区

通过显著性水平检验发现，不同校区民办高校学生的学习效果存在显著差异（$p=0.000***<0.001$）。

在不同校区的分组比较中，一线城市（北上广深）民办高校学生的学习效果（$M=3.573$）明显优于地级市及其他（$M=3.527$）和省会城市（$M=3.504$）学生。

（3）办学层次

通过显著性水平检验发现，不同办学层次民办高校学生的学习效果存在显著差异（$p=0.000***<0.001$）。

在不同办学层次的分组比较中，研究生（$M=3.575$）和本科（$M=3.545$）民办高校学生的学习效果明显优于专科民办高校学生（$M=3.433$），总体上呈现出办学层次越高学习效果越好的趋势。

（4）办学年限

通过显著性水平检验发现，不同办学年限民办高校学生的学习效果存在显著差异

---

① María Pinto, Rosaura Fernández-Pascual, David Caballero-Mariscal, et al. Information Literacy Trends in Higher Education (2006—2019): Visualizing the Emerging Field of Mobile Information Literacy[J]. Scientometrics, 2020（124）: 1479-1510.

（p=0.001**<0.01）。

在不同办学年限的分组比较中，办学年限在 41 年及以上的民办高校学生的学习效果（M=3.580）明显优于其他办学年限民办高校的学生，办学年限为 10 年及以下民办高校的学生学习效果稍差（M=3.447）。

（5）在校生规模

通过显著性水平检验发现，不同在校生规模民办高校学生的学习效果存在显著差异（p=0.000***<0.001）。

在不同在校生规模的分组比较中，在校生规模在 3 万人以上的民办高校学生的学习效果（M=3.581）明显优于其他在校生规模民办高校的学生，在校生规模为 1 万人以下民办高校的学生学习效果稍差（M=3.499）。

（6）学校类型

通过显著性水平检验发现，不同学校类型民办高校学生的学习效果存在显著差异（p=0.000***<0.001）。

在不同学校类型的分组比较中，独立学院学生的学习效果（M=3.541）明显优于普通民办院校学生（M=3.484）。

（7）学科类型

通过显著性水平检验发现，不同学科类型民办高校学生的学习效果存在显著差异（p=0.000***<0.001）。

在不同学科类型的分组比较中，艺术类为主民办高校学生的学习效果（M=3.585）明显优于其他学科类型的学生，体育类为主学生的学习效果稍差（M=3.468）。

（8）性别

通过显著性水平检验发现，不同性别民办高校学生的学习效果存在显著差异（p=0.000***<0.001）。

在不同性别的分组比较中，民办高校男生的学习效果（M=3.565）明显优于女生（M=3.482）。

（9）是否独生子女

通过显著性水平检验发现，独生子女和非独生子女民办高校学生的学习效果存在显著差异（p=0.000***<0.001）。

在是否独生子女的分组比较中，独生子女民办高校学生的学习效果（M=3.593）明显优于非独生子女民办高校学生（M=3.469）。

（10）家庭所在地

通过显著性水平检验发现，不同家庭所在地民办高校学生的学习效果存在显著差异（p=0.000***<0.001）。

在不同家庭所在地的分组比较中，民办高校城市学生的学习效果（M=3.598）明显优于乡镇（M=3.490）和农村（M=3.467）学生。

（11）家庭收支情况

通过显著性水平检验发现，不同家庭收支情况民办高校学生的学习效果存在显著差异（$p=0.000***<0.001$）。

在不同家庭收支情况的分组比较中，家庭收支富余很多的民办高校学生的学习效果（$M=3.767$）明显优于其他家庭收入的学生，总体上呈现出收支越富余学习效果越好的趋势。

（12）父母学历

通过显著性水平检验发现，不同父母学历民办高校学生的学习效果存在显著差异（$p=0.000***<0.001$）。

在不同父母学历的分组比较中，父母学历为研究生的民办高校学生的学习效果（$M=3.692$）明显优于其他学生，总体上呈现出父母学历越高学习效果越好的趋势。

（13）就读层次

通过显著性水平检验发现，不同就读层次民办高校学生的学习效果存在显著差异（$p=0.000***<0.001$）。

在不同就读层次的分组比较中，研究生（$M=3.685$）和本科（$M=3.550$）民办高校学生的学习效果明显优于专科民办高校学生（$M=3.439$），总体上呈现出就读层次越高学习效果越好的趋势。

（14）年级

通过显著性水平检验发现，不同年级民办高校学生的学习效果存在显著差异（$p=0.000***<0.001$）。

在不同年级的分组比较中，民办高校大五学生的学习效果（$M=3.674$）明显优于其他年级学生，大二学生的学习效果稍差（$M=3.497$）。

（15）专业类型

通过显著性水平检验发现，不同专业类型民办高校学生的学习效果存在显著差异（$p=0.000***<0.001$）。

在不同专业类型的分组比较中，文法类民办高校学生的学习效果（$M=3.562$）明显好于其他专业类型学生，农学类学生学习效果稍差（$M=3.472$）。

（16）志愿类型

通过显著性水平检验发现，不同志愿类型民办高校学生的学习效果存在显著差异（$p=0.000***<0.001$）。

在不同志愿类型的分组比较中，第一志愿民办高校学生的学习效果（$M=3.567$）明显优于非第一志愿学生（$M=3.464$）。

（17）学生干部经历

通过显著性水平检验发现，不同学生干部经历民办高校学生的学习效果存在显著差异（$p=0.000***<0.001$）。

在不同学生干部经历的分组比较中，有学生干部经历的民办高校学生的学习效果

(M=3.570)明显优于无学生干部经历的学生（M=3.465）。

（18）创业经历

通过显著性水平检验发现，不同创业经历民办高校学生的学习效果存在显著差异（p=0.000***<0.001）。

在不同创业经历的分组比较中，有创业经历的民办高校学生的学习效果（M=3.614）明显优于无创业经历的学生（M=3.506）。

（19）成绩排名

通过显著性水平检验发现，不同成绩排名民办高校学生的学习效果存在显著差异（p=0.000***<0.001）。

在不同成绩排名的分组比较中，成绩排名为上游的民办高校学生的学习效果（M=3.610）明显优于中游（M=3.494）和下游（M=3.381）学生，总体上呈现出成绩排名越靠前学习效果越好的趋势。

3. 结论

有 47.33%的民办高校学生学习效果较好，仍有 52.67%的民办高校学生的学习效果有待加强。在民办高校学生样本中，学校背景特征及个人背景特征对学生的学习效果有显著影响。从学校背景特征看，民办高校学生的学习效果呈现出显著的地区、校区、办学层次、办学年限、在校生规模、学校类型和学科类型差异，东部地区、一线城市（北上广深）、办学层次为研究生和本科、办学年限在 41 年及以上、在校生规模在 3 万人以上、独立学院、艺术类为主民办高校的学生学习效果较好。从个人背景特征看，民办高校学生的学习效果呈现出显著的性别、家庭结构、家庭所在地、家庭收支情况、父母学历、就读层次、专业类型、志愿类型、学生干部经历、创业经历、成绩排名等差异，男生、独生子女、家庭所在地为城市、家庭收支富余很多、父母学历高、就读层次为研究生和本科、大五、文法类、第一志愿、有学生干部经历、有创业经历、成绩排名靠前的民办高校学生学习效果较好。

参考文献

白峰. 共同价值引领下的非营利性民办高校有效治理：问题与思路[J]. 江苏高教, 2019（1）：53-55, 68.
白尉华. 民办高等学校激励研究[D]. 河北地质大学, 2019.
柏彬. 优质民办初中助力公办初中协同发展的实践探索[J]. 上海教育科研, 2019（6）：72-76.
曹杰. 基于全面质量管理的应用型民办本科院校实践教学质量评价研究[J]. 教育与职业, 2019（3）：104-108.
陈葆华. 产教融合视阈下民办本科高校教师教学能力发展研究[J]. 教育学术月刊, 2019（8）：97-102.
陈峰. 民办高校辅导员建设体制探究——评《高校辅导员职业化发展研究》[J]. 当代教育科学, 2019（9）：97.
陈华洲, 赵耀. 改革开放四十年思想政治教育话语研究——基于 CiteSpace 知识图谱的分析[J]. 学校党建与思想教育, 2019（1）：9-14.
陈丽, 徐亚倩. 改革开放 40 年我国继续教育理论研究的脉络分析[J]. 现代远程教育研究, 2019, 31（6）：3-13.
陈睿腾. 民办高校办学质量研究——对资金筹措四个路径的检视[J]. 北京社会科学, 2019（2）：61-69.
陈岳堂, 李青清. 政府购买学前教育服务绩效优化研究——基于普惠性民办幼儿园的三方演化博弈分析[J]. 当代教育论坛, 2019（1）：1-10.
董圣足. 依法鼓励和支持营利性民办学校发展[J]. 教育发展研究, 2019, 38（9）：3.
杜红玉, 黄灿. 民办高校发展中政府责任的两难困境与突破策略[J]. 教育与职业, 2019（8）：86-91.
方芳, 刘泽云. 经费投入对地区高等教育规模的影响[J]. 高等教育研究, 2019, 40（1）：43-50.
方晓田. 中国民办高等教育七十年发展历程——基于政府与市场关系演进的视角[J]. 民办教育研究, 2019, 40（9）：10-19.
付海涛, 段玉明. 产权纠纷视域下民办高职院校的规范性监管探究[J]. 教育与职业, 2019（20）：97-102.
付海涛, 段玉明. 民办高职院校分类管理的历史沿革、困境与策略[J]. 教育与职业, 2019（24）：89-93.
付强, 王玲. 中国民办高等教育经费政策 40 年：历程、反思与走向[J]. 济南大学学报（社会科学版）, 2019, 29（1）：147-156.
甘雪梅. 民办高校党建必须坚持育人为本——评《高校党建工作实践与思考》[J]. 领导科学, 2019（9）：

127.

高飞，李友仕. 新时代应用型民办本科高校思政课教师队伍建设探究[J]. 教育与职业，2019（4）：104-107.

葛晖. 民办职业院校融资方式选择研究[D]. 云南财经大学，2019.

宫法明. 分类管理视域下非营利性民办高校面临的困境与发展策略[J]. 黑龙江高教研究，2019，37（1）：40-43.

谷金艳. 新媒体时代下民办高校管理研究——评《新媒体技术》[J]. 中国科技论文，2019，14（10）：1176.

郭建如. 民办教育管理研究与学科发展40年：回顾与展望[J]. 高校教育管理，2019，13（1）：1-10.

郭孔生，马燕霞，许长青. 粤港澳大湾区民办高校联动发展协调治理机制研究[J]. 教育与职业，2019（8）：79-85.

何声钟，余芳，向绪伟，俞王毛. 江西省基础教育改革发展40年综述[J]. 南昌师范学院学报，2019，40（4）：104-110.

洪秀敏，魏若玉，缴润凯. 民办幼儿园园长专业素养的调查与思考[J]. 现代教育管理，2019（1）：41-46.

洪秀敏，朱文婷，钟秉林. 不同办园体制普惠性幼儿园教育质量的差异比较——兼论学前教育资源配置质量效益[J]. 中国教育学刊，2019（8）：39-44.

洪易. 民办养老服务机构可持续发展之策[J]. 人民论坛，2019（13）：80-81.

侯首辉. 与时俱进把民办高校党建工作落到实处——评《新时代民办高校基层党建工作机制研究》[J]. 中国高校科技，2019（7）：103.

胡卫. 给民办教育人稳定的政策预期——处理好我国民办教育发展的三大矛盾[J]. 民主，2019（9）：15-18.

胡艳，刘佳，姜思羽，邓楚琳. 新中国成立以来我国民办教师历史及启示——以H省N地区为例[J]. 教师教育研究，2019，31（4）：103-110，128.

黄海涛. 民办高校新教师专业发展需求特征与策略选择——基于与公办高校的比较[J]. 民办教育研究，2019，40（5）：57-63.

黄洪兰. 非营利性民办高校支持政策研究[D]. 东北师范大学，2019.

黄小灵. 基于共词分析的我国民办高等教育研究热点、主题与时代特征[J]. 黑龙江高教研究，2019，37（5）：1-6.

黄小灵. 我国建设高水平民办高校面临的困境与实践路径探析[J]. 高等教育研究，2019，40（6）：67-72.

纪佩汝. 儒家文化与民办高校大学生价值观机制研究——评《儒学与人生》[J]. 中国高校科技，2019（4）：114.

蓝贤发，黄义灵，陈利平. 新时代民办高校党委发挥政治核心作用的实践探索[J]. 学校党建与思想教育，2019（15）：93-94.

李静，李锦，王伟. 普惠性民办幼儿园教育质量评估与提升策略——基于对C市15所幼儿园的调查数据分析[J]. 学前教育研究，2019（12）：69-76.

李俊霞，丁岚. 把党建做成民办学校攻坚克难的引擎[J]. 人民教育，2019（11）：38-41.

李曼. 制度设计与衔接：现有民办学校分类登记困境破解的关键[J]. 中国教育学刊，2019（7）：8-13.

李虔. 民办高校组织属性变更的争议与反思——基于美国私立高校的个案研究[J]. 民办教育研究，2019，40（7）：75-81.

李虔. 民办学校分类管理推进难点与破解路径[J]. 四川师范大学学报（社会科学版），2019，46（2）：125-132.

李虔. 完善非营利性民办高校监管机制[J]. 中国民办教育，2019（23）：49-51.

李莎，孙绵涛. 改革开放40年中国教育现代化的基本经验[J]. 教育科学研究，2019（9）：11-16.
林榕，王海英，魏聪. 嵌入与调适：普惠性民办幼儿园教师生存状态的社会学分析[J]. 教育发展研究，2019，39（8）：41-48.
刘金娟，方建锋. 我国基金会参与非营利性民办高校办学探索[J]. 复旦教育论坛，2019，17（6）：41-47.
刘亮军. 非营利性民办高校政府监管的"善治"选择[J]. 高教探索，2019（11）：84-89.
刘天胤. 民办高校校企合作项目质量管理研究[D]. 大连海事大学，2019.
刘献君. 民办高校发展的战略选择[J]. 高等工程教育研究，2019（6）：87-91，98.
刘亚楠. 民办应用型院校教师流失原因分析及应对策略[J]. 教育与职业，2019（8）：58-61.
刘永林，周海涛. 统筹破解民办高校用地用房的制度性瓶颈[J]. 复旦教育论坛，2019，17（2）：27-32，39.
刘永林，左伊妍，张婧梅. 选择登记为非营利性民办学校的补偿与奖励制度设计[J]. 教育与经济，2019（6）：79-86.
娄枝，王锋. 改革开放40年我国博士生培养质量研究[J]. 教育理论与实践，2019，39（27）：3-6.
吕宜之. 民办高校融资路径优化与选择策略[J]. 教育发展研究，2019，39（5）：60-65.
马桂香，邓泽民. 我国职业教育教材研究40年综述[J]. 职教论坛，2019（10）：57-64.
马艳丽，周海涛. 民办学校教师队伍建设改革的新进展新诉求[J]. 中国教育学刊，2019（7）：19-23.
毛万勤. 北京市民办高校发展政策优化研究[D]. 燕山大学，2019.
梅传声，毛亚梅. 关于民办高校思想政治理论课建设的思考[J]. 学校党建与思想教育，2019（22）：53-54.
牛三平，陈浩. 促进营利性民办高校发展的几点思考[J]. 教育理论与实践，2019，39（36）：3-6.
欧繁荣，李欣. 民办高校本科休闲体育专业校企合作人才培养模式的实践研究[J]. 广州体育学院学报，2019，39（5）：125-128.
潘懋元. 《民办院校办学体制与发展政策研究》序[J]. 民办教育研究，2019，40（3）：107-109.
潘懋元，吴华，王文源，李盛兵，邵允振. 中国民办教育四十年笔谈[J]. 教育文化论坛，2019，11（1）：132.
彭华. 民办高校创新创业教育资源优化整合探析[J]. 教育与职业，2019（4）：62-65.
齐英程. "分类管理"背景下营利性民办学校的治理结构设计[J]. 中国教育学刊，2019（7）：14-18.
祁翔，陈丽媛. 民营化对教育质量与公平的影响——以上海民办普通初中为例[J]. 北京大学教育评论，2019，17（1）：105-122，190.
秦和. 基金会：非营利性民办高校制度创新的一种探索[J]. 教育发展研究，2019，39（21）：47-53.
秦和. 引导支持民办高校转型发展[J]. 民主，2019（6）：22.
秦涛，吴义和. 民办幼儿园政府依法监管的困境与出路[J]. 湖南师范大学教育科学学报，2019，18（1）：34-42.
区少铨（Au Siu chuan）. 民办教育在香港[D]. 华中师范大学，2019：134.
屈梦怡. 改革开放40年民办高等教育立法回顾[J]. 中外企业家，2019（21）：191-192.
阙明坤，费坚，王慧英. 改革开放40年民办高等教育发展回顾、经验与前瞻[J]. 高校教育管理，2019，13（1）：11-18，35.
阙明坤，费坚，徐军伟. 教育政策制定的利益博弈与渐进调适——基于民办学校分类管理政策的分析[J]. 中国教育学刊，2019（7）：1-7.

阙明坤,王华,王慧英. 改革开放40年我国民办教育发展历程与展望[J]. 中国教育学刊,2019(1):29-36.

单轸,邵波. 法治生态下民办图书馆发展战略研究[J]. 新世纪图书馆,2019(7):74-80.

邵崇晓. 民办本科高校学风管理问题与对策[D]. 西北农林科技大学,2019.

施文妹,周海涛. 民办高校内部治理的变革特征、基本模式和未来走向[J]. 现代教育科学,2019(1):11-17.

石猛. 民办高校董事会制度的治理价值及其实现[J]. 复旦教育论坛,2019,17(2):15-20.

宋志豪. 基于公办高校比较视角的河南省民办高校学生资助研究[J]. 教育与职业,2019(13):102-106.

孙洁. 民办高校构建"全员育人"德育机制的实践研究——评《构建高职院校全员育人体系的实践探索》[J]. 新闻爱好者,2019(7):105.

谭锦花. 民办高校辅导员安全感与幸福感的关系:自我同情的中介作用[J]. 中国临床心理学杂志,2019,27(1):194-197.

汤建民. 2018中国民办本科院校及独立学院科研竞争力评价研究报告[J]. 高教发展与评估,2019,35(1):24-28.

唐淑艳,龚向和. 学前教育立法中普惠性民办幼儿园的性质定位[J]. 湖南师范大学教育科学学报,2019,18(6):26-31.

唐文玉. 借力于政治的嵌入式发展——"党社关系"视域中的民办社会组织发展考察[J]. 华东理工大学学报(社会科学版),2019,34(4):46-56.

汪华,孙霄兵. 中国高等教育70年的历史发展[J]. 当代中国史研究,2019,26(5):244.

王慧英,黄元维. 地方民办教育分类管理新政:现状、难点议题与治理策略——基于25个省(自治区、直辖市)民办教育新政实施意见的文本分析[J]. 现代教育管理,2019(3):56-61.

王江璐. 民办教育政策演变下的政协提案特点分析——基于上海的考察[J]. 教育学术月刊,2019(6):39-49.

王磊,王一涛. 民办高校上市融资的现状、问题及对策[J]. 复旦教育论坛,2019,17(2):21-26.

王丽娜. 辽宁省政府发展民办高校政策执行效果研究[D]. 大连理工大学,2019.

王明丽,徐玄玄. 民办高校商学院实验中心运营成本核算体系设计——基于作业成本法[J]. 财会通讯,2019(26):102-105.

王帅,吴霓,郑程月. 民办教育分类管理的推进概况、突出问题与对策建议——基于对国家和地方29省相关政策的文本分析[J]. 当代教育论坛,2019(6):55-65.

王晓平,谭玉兰. 提高思想政治教育实效性的探索与价值——民办应用型本科院校"重德学,促五进"思想政治教育模式研究[J]. 思想政治教育研究,2019,35(2):107-111.

王一涛,申政清. 我国民办高校校长的产生方式及遴选优化路径[J]. 浙江树人大学学报(人文社会科学),2019,19(4):8-13,20.

王义宁. 民办高校教师专业发展自我评价的实证研究——以广东为例[J]. 高教探索,2019(5):95-102.

王真,王华. 改革开放40年我国民办高等教育发展回顾与展望[J]. 高教探索,2019(3):103-109,117.

魏聪,王海英,林榕,陈红敏. 普惠性民办幼儿园与非营利性民办幼儿园的关系辨析及路径选择[J]. 学前教育研究,2019(3):54-70.

温涛,王朋,王维坤,姜华. 新时期我国一流民办大学建设探究:概念、内涵与路径[J]. 现代教育管理,2019(5):28-33.

翁士洪. 民办医院网络结构与医药卫生体制改革政策扩散——一项社会网络分析[J]. 中国行政管理,2019

（7）：124-131.

吴华. 如何发挥内部审计在民办高校管理中作用[J]. 智库时代，2019（8）：287，289.

吴华，徐婷婷，马燕萍，王习. 发展民办教育需要新的观念基础[J]. 复旦教育论坛，2019，17（2）：5-8.

徐鹏，代新杰，赵玉真. 新时代民办高校创新创业教育生态系统构建——评《民办高校创新创业人才培养探索与实践》[J]. 中国高校科技，2019（8）：98.

徐秀霞，刘丽荣. 民办高校应用型法学人才培养模式的建构——以长春财经学院为例[J]. 职业技术教育，2019，40（35）：30-33.

徐绪卿. 民办高等教育发展政策讨论的五个问题[J]. 浙江树人大学学报（人文社会科学），2019，19（1）：1-7.

徐绪卿. 浅论教育政策滞后性现象——以民办高校分类管理政策为例[J]. 教育与经济，2019（6）：72-78.

徐绪卿. 中国家政产业发展与民办高校的人才培养[J]. 浙江树人大学学报（人文社会科学），2019，19（5）：49-53.

徐耀鸿，房风文. 新《民促法》背景下我国民办职业教育发展研究[J]. 教育与职业，2019（6）：99-103.

许丽丽，朱德全. 中国职业教育课程与教学研究40年[J]. 职业技术教育，2019，40（25）：18-23.

阎凤桥. 制度视野下民办教育转型困境的破解[J]. 中国教育学刊，2019（7）：3.

杨程. 民办教育分类管理政策执行的制约因素与破解路径——基于史密斯政策执行过程模型的分析[J]. 河南大学学报（社会科学版），2019，59（5）：121-127.

杨程. 民办学校分类管理"同等法律地位"与"差别化扶持"政策研究[J]. 教育科学研究，2019（10）：21-26.

杨程，周小舟. 民办高校青年教师的困境及其破解[J]. 中国青年社会科学，2019，38（5）：100-105.

杨大伟. 委托代理视阈下普惠性民办园发展的困境及治理对策[J]. 现代教育管理，2019（2）：57-63.

杨洁，葛欣. 民办中小学教师专业发展的现状与对策研究——基于上海教师的问卷调查[J]. 教师教育研究，2019，31（2）：90-94.

杨炜苗. 民办高校的人才培养价值链管理——基于人力资本运营的视角[J]. 民办教育研究，2019，40（8）：57-62.

姚昊，叶忠. 委托代理理论视角下的民办学校分类管理[J]. 教学与管理，2019（12）：38-41.

姚侃. 民办教育新法新政背景下我国独立学院的发展现状与走向[J]. 高教探索，2019（9）：101-104.

姚遥. 加强民办高校党组织参与决策完善中国特色民办大学治理[J]. 中国民办教育，2019（Z1）：64-65.

游韶平，卢佳，余庆茂，熊晓贞，陈步云. 民办高校实验室建设规划与管理的探讨[J]. 实验室研究与探索，2019，38（4）：242-245.

余小波，刘潇华，黄好. 改革开放40年：我国高等教育改革发展的基本脉络[J]. 江苏高教，2019（3）：1-8.

余中根. 《民法总则》法人制度视野下民办高校分类管理存在的问题与解决机制研究[J]. 高教探索，2019（1）：91-96.

袁连生，何婷婷. 中国教育财政体制改革40年回顾与评价[J]. 教育经济评论，2019，4（1）：11-37.

张海鹏. 非营利民办学校法人类型再造[J]. 复旦教育论坛，2019，17（6）：34-40.

张浩，伊永华，金卓. 民办大学地方特色学科建设创新研究[J]. 吉首大学学报（社会科学版），2019，40（S1）：239-241.

张慧，查强. 改革开放 40 年我国职业教育政策的演进及特征——基于混合方法的研究[J]. 高等工程教育研究，2019（4）：165-171，181.

张墨涵. 规范校外培训机构的理论探讨与政策走向[J]. 教育科学研究，2019（8）：17-22.

张少华，海晓红. "转型"与"转设"视角下民族地区民办高校发展的困境与出路——以宁夏民办高校为例[J]. 贵州民族研究，2019，40（10）：190-194.

张文国. 民办学校协议控制模式的制度风险与立法应对[J]. 教育发展研究，2019，39（12）：13-18.

张笑予，汪建华，冯东. 高层次人才研究 40 年：热点主题与未来展望——基于 CNKI 数据库主题文献分析[J]. 黑龙江高教研究，2019，37（12）：39-43.

赵冬玲，蒋汶桐. 共建共治共享理念下民办高校教师劳动关系治理对策研究[J]. 中国民办教育，2019（24）：42-43.

赵杰红. 民办幼儿园教师职业压力源及个体管理策略[J]. 教育理论与实践，2019，39（9）：39-40.

郑应友. 河南民办本科院校发展路径研究[J]. 中国高校科技，2019（5）：46-49.

钟秉林，周海涛. 独立学院发展再审视[J]. 教育研究，2019，40（4）：83-90.

周彬. 教师教育变革 40 年：历程、经验与挑战[J]. 教师教育研究，2019，31（2）：1-7.

周海涛，闫丽雯. 源于实践的民办教育理论创新[J]. 教育发展研究，2019，39（21）：41-46.

周海涛，闫丽雯. 支持和规范社会力量兴办教育的新作为[J]. 教育与经济，2019（1）：3-6，15.

周谦. 民办高校财务管理专业实践教学创新探究——以武汉学院为例[J]. 财会通讯，2019（31）：50-53.

朱贵喜. 治理理论视角下民办高职院校教育管理体制的现实困境与应然选择[J]. 教育与职业，2019（2）：46-49.

朱兴涛，李琳琳. 合法性建构：民办社会组织的行动策略研究——以吉林省 Y 志愿者协会为例[J]. 社会工作，2019（3）：99-108，112.

附 录

民办教育研究文献述评

改革开放40年来,民办教育在"增加教育供给、改善教育公平、提高教育效率、扩张教育自由、减缓就业压力、推动教育创新"等方面为我国教育发展做出了重要贡献,并逐渐成长为影响我国教育进程的关键力量。随着我国改革开放的不断推进和市场经济的蓬勃发展,我国民办教育事业发展迅速,办学规模不断扩大,办学层次逐渐提高,社会效益日益凸显,逐步形成了多层次、全方位、宽领域的崭新格局,信誉度、品牌度与社会关注度大幅提升,对促进教育改革发展、丰富教育形式和拓宽人才培养途径的作用进一步凸显,极大地满足了我国人民日益增长的教育需求。我国民办教育发展整体而言既面临良好机遇,也存在不少挑战。本部分对近年来我国民办教育研究情况进行概括总结,有助于积累经验教训、正视问题,在此基础上开创民办教育事业新局面。

一、民办教育改革开放四十年经验研究

改革开放40多年以来,我国民办教育经历了从"建起来"到"大起来"再向"强起来"的不凡历程。民办教育办学规模不断扩大,办学层次逐渐提高,在规模、结构、质量、效益等方面取得了历史性成就,形成了从学前教育到高等教育、从学历教育到非学历教育,层次类型多样、充满生机活力的发展局面,有效增加了教育服务供给,为推动教育现代化、促进经济社会发展、吸引社会资本作出了积极贡献。这40多年间,我国民办教育从弥补财政机会不足到满足多样化需求,从"拾遗补缺"到不可或缺,呈现出坚持教育公益属性、教育资源配置更加灵活、制度保障体系逐步完善、合法权益保障力度不断加强、依法综合

推进改革有效推进的鲜明特征，形成了市场机制和政府管理相结合、实践探索和理论创新相结合、改革创新与依法治教相结合、先行先试和统筹协调相结合的独特经验和启示。民办教育政策从"规范"向"扶持"转型，政策文本得以不断充实与完善，政策价值取向实现宏观国家价值与微观自身价值的融合，政策基调实现从"合法-限制-规范-扶持"的良好转型，政策内容赋予和加强了民办教育的合法性，政策实施引导和规范了民办教育实践。

这40多年以来，民办教育经历了恢复创建期（1978~1991年）、快速发展期（1992~2001年）、规范发展期（2002~2015年）、新法新政期（2016年至今）四个发展阶段。在以非学历教育为主体的恢复创建期，国家政策主要围绕的是"要不要办""能不能办"的问题，而对"怎么办"的问题涉及很少。政府对民办教育的监管是粗线条、浓笔墨的。快速发展期的特征是"摸着石头过河"，政府根据不断出现的问题，采取试点探索、投石问路的办法不断"打补丁"予以完善，逐步形成了较为完善的法律和治理框架。在扶持与规范并举的规范发展期，民办教育逐步走上了法制化、规范化轨道。在确立分类管理的新法新政期，一系列新法新政构成了当前民办教育政策体系的基本框架，开启了民办教育分类管理的新时代。各级各类民办学校呈现不同的发展态势，一大批普惠性民办园有力缓解了"入园难"问题，民办中小学以相对灵活的机制提供了多元的选择性教育服务，民办高校和独立学院作为公办高校的有益补充推动了高等教育大众化，民办培训机构满足了人民群众多元化的特长教育和终身学习需求。

二、民办教育改革瓶颈和发展战略研究

我国民办教育虽然取得了巨大成就，但从总体来看民办教育的整体质量还有待提高。新常态下民办教育发展面临五大主要瓶颈：一是外部竞争形势加剧，民办学校生源数量萎缩，转型期的不公平竞争导致生存空间日益缩小；二是办学自主权扩大和落实不到位，政策制定存在缺陷、政策执行不力、政府管理中存在问题，导致民办学校活力不足、办学特色不鲜明、可持续发展受到限制；三是治理结构不健全、管理人员素质不高，导致权力运行中的出资人（举办者）控制、以校长为核心的管理团队职权不明晰、缺少利益相关者参与以及缺失内外监督机制；四是办学经费不足，财力支撑单一与多方融资有限导致民办学校基本设施投入缺口增大，师资培训经费欠缺，教学质量提升受限；五是民办学校教师社会地位不高、身份编制不明、待遇保障不足、队伍稳定性不够、组织认同感不强，教师流动频繁导致教学质量长期难以改观。这些问题都迫切需要政府、学校与社会各方面通力合作，加强对民办教育的瓶颈研究。

尽管民办教育发展的外部环境中尚存在许多不尽如人意之处，但民办教育发展的关键无疑取决于内部因素，民办教育自身管理和教学做好了，就会为自身发展创造一个良好的内部环境，同时促进外部环境向更积极方向发展。下一阶段我国民办教育的发展重心是扭转"大而不强，多而不优"的弱势格局，用市场的需求倒逼办学模式改革创新，积极由"投

资驱动、资源驱动"转向"改革驱动、创新驱动"。一是增强民办教育的质量意识、责任意识、竞争意识和危机意识，随着人们对教育的需求由"能上学"转化为"上好学"，从教育的被动接受者转变为理智消费者，民办学校应把发展重点从过去的"数量+规模"转向现在的"质量+内涵"，由早期以机会竞争为主、提供拾遗补缺服务的补充教育，转向以实力竞争为主、提供特色服务的选择性教育；二是完善外部管理制度，重视加强政府层面的简政放权和学校层面的权力落实，打破造成公、民办学校不平等的体制机制障碍，清理纠正教育、财政、税收、金融、土地、社会保障等方面的各类歧视性政策；三是改进内部治理结构，以构建现代民办学校制度为目标，把理顺内部关系、完善内部管理体制和运行机制、激发各利益相关者的积极性作为重中之重，建立学校法人产权制度，完善董（理）事会决策机制和校长负责制，健全监事会等内部监督制约机制，形成"董事会领导、校长执行、党委政治核心、监事会监督、教职工民主管理"的现代治理模式；四是拓宽经费来源渠道，实施"共同而有区别"的分类扶持政策，营造分类筹资的制度环境，拆除隐形门槛以吸引各类资本进入教育领域；五是加强师资队伍建设，推动教师专业发展，逐步改变师资队伍职称、年龄、学历"两头大、中间小"的哑铃形结构，以师资建设为抓手走特色化和精品化教育之路，为社会提供国家基本标准以上的、多样化的、选择性的、收费的教育服务。

三、民办教育分类管理与外部规范研究

在新的分类管理法律框架内，我国民办教育呈现非营利性与营利性民办学校分类发展的崭新格局，两类学校在各自的轨道上平行发展、并行不悖。非营利性民办学校将在国家和地方政策的支持下稳步发展，有望逐步享受与公办学校同等的法律地位，获得财政资助、税收优惠、土地划拨、生均拨款等支持。同时，一批办学体制更加灵活、资金来源更为多元、市场敏锐性更强的营利性民办学校逐渐涌现出来，作为一种新生事物真正登上历史舞台。我国民办教育本身的复杂性、多样性、诉求多元化特点，加之分类管理改革本来涉及理论探索、制度设计、法律修订、社会环境营造等诸多因素，决定了分类管理改革势必遇到各种各样的难题。其中，分类管理政策内容不明确、政策主体中政府角色定位不恰当、政策执行效果不理想和政策模型转变缓慢等问题，导致民办学校选择营利性或非营利性的决心不明确，很多学校仍处于徘徊犹豫之中。一方面，大家对民办学校办学回报和剩余财产分配、营利性学校获取捐助和融资、非营利性学校扶持和监管等问题仍存有顾虑。其背后折射出的非营利性学校的非营利法人定位与举办者要求获取办学回报和剩余分配的矛盾、营利性学校的营利法人定位与其要求享受更多优惠的矛盾、非营利性学校获取政策支持的诉求与扶持政策未完全兑现的矛盾，成为制约民办学校分类管理推进的三个难点。这三个难点表明民办学校举办者缺乏共识，分类管理可能会遇到来自部分举办者的阻力，或导致少数举办者撤资，致使民办教育规模萎缩或局部不稳定。另一方面，制定和完善配套制度的准备还不充分，如果不能对既有制度进行协调改革并有所突破，则分类指导的改革

思路有可能落空。尽管《中华人民共和国民办教育促进法》等政策法规对财政政策、土地政策、税收政策等都做出了规定，但对最为关键的"同等法律地位"与"差别化扶持"政策，新法新政只有原则性要求，这种规定过于宽泛，需要地方政府主动探索创新。这就导致地方贯彻落实新法新政不平衡，分类管理改革的推进存在较为明显的"碎片化"问题，现有民办学校清产核资组织主体不明确、民办学校分类登记的程序衔接不明确、登记为民非或事业单位的国有资产确权规定不明确、变更法人登记类型时税费优惠不明确。营利性与非营利性属性转换、分类登记过渡期设置、非营利性学校能否取得事业法人身份、如何奖励或补偿非营利性学校举办者、现有民办学校资产过户税费征缴、非营利性学校生均经费补贴、学校转设前后债务衔接等问题有待厘清。

推进分类管理需要在营造市场化环境、降低政策普惠门槛、赋予学校最大话语权、织就规范运行防护网等环节着力，并在精细化与规范化上做好文章。一方面，基于整体扶持与区别对待相结合的原则跟进配套政策，完善非营利与营利性学校分类管理政策，建立平等但不平均的体制机制，实施共同但有区别的管理体系，通过细化分类登记规定、填补转型政策空白和完善学校治理体制等方式，强化分类管理改革执行的系统性，提高分类管理改革结果的实效性。在新政推进过程中，应细化对选择"非营"的举办者的补偿或奖励方案，构建营利性民办学校政策支持体系，完善公共财政扶持非营利性民办学校的政策体系。另一方面，分类管理改革的成效很大程度上取决于民办学校同等法律地位能够在多大程度上予以落实，以及差别化扶持政策中的"差别"究竟有多大。要基于各地民办教育发展阶段和环境的差异，采取精细化的政策供给方式稳妥推进分类管理改革，分地区制定分类管理平稳过渡的方案和实施细则。坚持公益取向发展非营利性民办学校，坚持多元取向允许两类学校和谐共存，坚持公平取向为两类学校采取差别化的管理措施，使营利性和非营利性民办学校的发展轨道更加明确清晰。

四、民办学校办学体制和内部治理研究

管理制度建设是民办教育发展中的薄弱环节，建立一套有利于民办教育健康发展的有效运行机制至关重要。我国民办教育在快速发展的同时，也存在着诸多不容忽视的办学体制和运行机制问题，如产权不清晰、法人治理结构不完善、教育管理不规范、教育质量不高、教育特色不明显等。办学体制是我国民办学校发展中的薄弱环节，表现在民办学校"是什么"的法人属性不清、民办学校"归谁所有"的产权制度不明、举办者和利益相关者"做什么"的权责利关系不顺以及管理者"管什么"的角色定位不细。一是民办学校出资人或举办者控制、缺少利益相关者参与、管理团队职权不明晰及监督机制缺失等突出问题，使得民办学校容易陷入家族化治理、校长权力集中化、董事会权力过于膨胀、内部权力冲突频现、缺少共治动力等问题；二是法人和产权属性不清，法人属性不清造成公办学校和民办学校在法规、政策及事实上的诸多不平等，产权归属不明、性质不清、关系混乱，必然

造成民办学校资产的流失，挫伤办学者的积极性；三是民办学校呈现出"链合"式的管理模式，出现民主决策机制失范、组织功能发挥不足等困境，同时分类管理的实施暴露出民办学校制度供给滞后、治理体制固化、办学者"政策性恐慌"与"保守性退出"等问题。

民办学校应建立起有利于鼓励社会力量以多种形式参与办学的利益驱动机制、鼓励不同类型学校公平发展的竞争机制、满足家庭对多元文化和社会对多类型人才的需求机制以及便于政务校务财务公开和主动接受社会监督的制约机制。一是建立利益相关者共治机制，健全股东会制度，规范和健全股东会制度；通过董事来源多元化提高董事会决策的科学化，探索建立独立董事制度；发挥监事会作用，强化监事会对民办学校运营者的监督。通过建立横向的决策权分配制衡体系、纵向的民主决策层次体系、延伸至社会的决策咨询机制，构建起决策、行政与政治保障三大权力之间的制衡关系。二是优化民办学校产权属性，健全民办学校产权管理，在补偿和奖励、举办者变更和关联交易等问题上合法承认并保护举办者的产权诉求。三是遵循合规性与探索性相结合、法定性与自愿性相结合、求稳性与促变性相结合原则积极推进分类管理，政府主导与市场配置有效结合、行政机关与中介组织良性互动、中央政府与地方政府协调联动。

五、两类学校共同而有区别的扶持研究

政府对民办学校进行相应的扶持和服务，特别是对非营利民办学校进行公共财政资助，意味着国家对民办教育承担了应有的责任，同时也说明国家站在整个教育发展战略的高度一视同仁地对待公办教育和民办教育。我国民办教育的政策将以支持与规范并行作为主要基调。在支持方面，政府加大财政扶持力度、落实税费优惠和土地划拨有望实现。在税费方面，非营利性学校将适用公办学校的税收优惠政策，营利性学校则有可能享受国家鼓励发展相关产业的税收优惠。我国对民办教育财政扶持和服务供给方面的不足主要包括：一是政府补贴和奖励的区分度和操作性有待加强，针对两类民办院校的补贴和奖励区分度不够，实践中选择登记为非营利性民办学校的补偿与奖励范围、核算方法、程序、争议解决途径等也缺乏相应的法律法规依据；二是政府购买服务没有区分不同类型民办学校的购买标准和程序，营利和非营利性民办学校的税收政策、准入标准和程序应有所区别；三是政府助学贷款精细化不够，可贷款额度无法满足民办学校学生的合理需求，针对呆账坏账等还贷问题的细化方案不足；四是政府已有税收政策存在难以落实或落实不力等问题，与捐赠相关的税收优惠政策有待健全；五是土地优惠政策执行不到位，公办、民办学校在土地征用优惠上获得优惠机会存在较大差别，政府对民办学校建设用地优惠政策的可为空间依然较大。

政府对民办教育扶持和服务需要凝聚以支持引导规范、以规范争得支持的分类改革共识，明确分类扶持主体，区分分类扶持对象，对两类民办高校实施"共同而有区别"的扶持政策。民办学校分类管理要按照"责权对等原则"对营利性与非营利性两类性质不同的

民办学校，建立相应的准入制度、产权制度、法人治理制度、资产财务制度、资助优惠制度、信息披露制度、保障制度、评估制度等，分别对两类不同性质的民办学校进行监管，以维护民办教育市场公平竞争的秩序。一是要分类扶持，遵循"共同而有区别"原则。"共同"即客体属性不会随教育组织类型的改变而改变，在任何教育组织内都应同等对待；"有区别"即客体属性在不同教育组织内会产生差异，在可享有的扶持政策上也应加以区分。二是要区分对象，实行"责权对等"原则。建立相应的准入制度、产权制度、法人治理制度、资产财务制度、资助优惠制度、信息披露制度、保障制度、评估制度等。政府对民办学校的扶持主要涉及补贴和奖励、购买服务、助学贷款、税收优惠、土地优惠五个方面：其一为制定差别化扶持政策，对非营利性民办教育主要实行财政补贴等直接扶持的方式，对营利性民办教育主要实行税收优惠等间接扶持的方式；其二为完善政府购买民办教育服务制度，对不同类型、不同办学层次的民办学校实行相应的教育服务购买政策；其三为完善学生奖助制度等财政资助体系，健全民办学校的助学贷款政策，两类民办学校都应与公办学校同等享受资助待遇，顺应国际将私立学校学生纳入无差别学生资助体系的潮流；其四为以完善民办学校分类税收优惠政策为着力点，提倡非营利性民办学校与公办学校享有同等的税收优惠，营利性民办学校所交税收应低于企业；其五为实行两类民办学校差别化用地政策，非营利学校按划拨方式供应土地，释放土地优惠政策在降低非营利性民办学校办学成本、鼓励社会资本捐资兴办教育的潜力。

六、师资队伍建设和教师权益保障研究

近年来，虽然民办学校教师发展取得了新进展，教师政策扶持有新进展，力度有待加大；教师薪酬有所提高，同等待遇有待落实；教师专业发展提上日程，能力建设有待加速；教师权益保障有所突破，范围有待扩大。但民办学校出于自身建校时间短和教学资源紧缺等消极原因，为了加速发展，往往将精力和资源集中在基础设施建设等方面，而对于师资队伍建设缺乏关注。民办学校普遍存在教师整体素质偏低、师资结构不合理、教师队伍不稳定、合理流动机制不健全等瓶颈，并存在观念歧视、体制排挤、政策夹击、权利侵害、权益难保障等问题，教师社会地位不高、身份编制不清、职称评聘不畅、待遇保障不足、参与管理不够等问题也影响着师资队伍建设。一是教师的专兼职结构、职称结构、学历结构和年龄结构等失衡问题依然比较严重，专职教师比例较小，年龄和职称结构呈现出了"两头大，中间小"的状况；二是教师综合素质相较公办学校来看还有很大的提升空间，教师整体学历偏低，有经验和接受过专业培训的教师缺乏，教师培训和继续教育制度也并不完善，导致"教不好、科研弱、成长慢"；三是教师队伍不稳定、教师单向流动仍是制约民办学校发展的"老大难"问题，亟须建立合理的教师流动机制保障教师队伍的稳定性；四是教师权益保障机制仍不完善，存在着社会地位不高、待遇保障不足、职称评聘不畅、发展空间受限、参与管理不够等问题，直接影响了民办学校教师的归属感、满意感和获得感。

师资队伍建设的现实要求民办学校为教师尤其是专任专职教师创造更好的条件和更大的成长空间,在促进教师专业发展的视域下不断创新。一是明确政府支持和管理职责,建立两类学校教师发展及队伍建设的不同政策选择和体制机制,健全民办学校教师人事代理制度、财政支持制度、社会保障制度、权益救济制度,以及良好的教师发展机制、合理的职称评审机制、有序的教师流动机制。地方政府可以采取购买服务的方式,扶持优秀民办学校提高教师待遇;设立地方民办教育发展基金,优先用于非营利性民办学校教师待遇保障。二是提高民办教师地位、建立与公办学校教师同等的保障体系、健全师资队伍管理机制、设立教师维权执法机构。取消对民办学校教师已有的歧视性政策,民办学校教师在资格认定、职务评聘、培养培训、评优表彰等方面与同级同类公办学校教师拥有同等权利。三是落实学校主体责任,优化教师聘任标准、提高教师薪酬待遇、搭建教师发展平台、优化教师成长环境,做到事业留人、待遇留人、环境留人和情感留人。四是行业组织提供专业服务,发挥第三方组织职能,加强教师专业发展引导,切实保障教师的合法权益,提高民办学校教师社会地位,增强教师职业荣誉感。

七、创新人才培养和学生权益保障研究

与公办院校相比,民办学校在办学体制上具有较大的优势,管理体制和运行机制更灵活,在专业设置和学科设置上拥有较大的自主权,更有利于根据人才培养目标进行相应的调整。同时,随着民办教育新法新政的颁布实施,民办学校学生发展及权益保障受到广泛关注,如何切实维护学生合法权益、实现学生全面发展,成为民办教育改革的重要议题。由于我国民办教育类型和层次的多样性、高考制度的筛选性、民办学校的特殊性等原因,民办学校学生暴露出了发展水平不一、发展空间不足、合法权益受损等问题。一是在培养模式方面,民办学校对人才培养规格的研究还不够,热衷于照搬公办学校的办学与人才培养模式,在培养途径、教学模式、培养方法等方面未能形成自身的特色,人才培养重点环节的改革有待深化、专业布局与区域发展联系度不高、育人机制同创新型人才培养目标尚有差距;二是民办学校学生的学习、思想和心理健康状况有待改善,部分学生存在理想目标不明、学习比较被动、学习的功利性强、学习态度消极被动、学习方法单一落后、学习能力仍停留在较低层次等问题;三是在平等权益方面存在观念歧视、政策夹击、权利侵害等问题,无法享受与公办学校学生同等额度的助学贷款、奖助学金等国家资助政策,学生资助渠道单一、受资助学生比例偏低,社会上直接或变相歧视也仍是制约民办学校学生就业的重要壁垒。

人才培养质量是衡量学校办学水平和质量的首要指标,也是一所学校在社会得以立足和发展的生命线。民办学校学生在持续发展、政策优待、权益保障和社会地位等方面的诸多瓶颈,迫切需要各方落实法规政策要求,使民办学校学生得到全面发展、合法权益得到切实保障。一是优化培养模式,通过进行多样化的人才培养目标设计、构建多主体参与的

人才培养流程、建立多层次的课程教学体系、构建多元化的质量评价机制等举措，进一步提高人才培养质量；二是健全学生管理，树立全新的学生教育管理理念，创新学生教育管理工作方法和手段，形成全员育人的教育合力；三是优化学生发展，以社会需求为导向，以知识应用为远景，以创新能力为目标，注重知识、能力、素质协调发展，走"应用性、职业型、开放式"的路子；四是强化权益保护，构建民办学校学生权益保障机制，提高助学贷款比例、完善校内学生资助工作、拓展校外学生资助渠道，使民办学校学生在入学、升学、转学、学籍、学习、表彰及国家经费补助等方面享受与公办学校学生同等待遇。

后 记

《中国民办教育发展报告 2019》聚焦我国民办学校发展概况尤其是学生和教师发展情况，连续出版八年来，逐步形成中国民办教育师生发展数据库。在总结《中国民办教育发展报告》(2012~2018年)的编撰经验基础上，北京师范大学民办教育研究团队持续调整发展报告撰写的思路和框架，认真梳理和积累数据。经过多位教师、学生近一年的努力，克服疫情影响，于 2020 年下半年完成《中国民办教育发展报告 2019》的分析和编撰工作。

本报告立足于民办教育健康发展新要求，着眼于民办学校师生发展所面临的热点、难点问题，集中探讨民办学校师生发展水平及优化路径。报告坚持政策导向、问题导向、改革导向，在研究方法上着重突出实证研究，既有全国和跨省域的大范围调查，又有集中于学校层面的教师发展、学生培养等微观层次的访谈；在分析方法上着重突出规范和客观原则，以图、表相结合的方式呈现各群体发展基本情况及差异性比较，为进一步推进民办学校内涵式发展、选择性教育提供理论依据和实践参考。

《中国民办教育发展报告 2019》是研究团队共同劳动和集体智慧的结晶。整体报告具体分工为：周海涛负责整体报告的结构和框架，提出报告的研究思路和大纲框架，主持审稿、统稿和定稿工作。前言、第一章由郑淑超、周海涛撰写；第二章、第三章由郑淑超撰写；第四章由王艺鑫撰写；第五章由施悦琪撰写；第六章由马杨桦撰写；第七章由廖苑伶撰写；第八章由王倩、吴丽朦撰写；第九章由郑淑超撰写；附录由朱玉成撰写。量化数据的分析与图表绘制工作与文字撰写工作一同完成。整体报告由周海涛、钟秉林进行多轮调整并完成统稿，施悦琪、王倩、郑淑超、王艺鑫、马杨桦、吴丽朦、廖苑伶、于榕等参与修订、校对、排版工作，景安磊、刘永林、张墨涵、闫丽雯、胡万山、梁晶晶、李彤、徐珊、马艳丽等参与问卷编制、前期数据和访谈资料收集整理。

本报告研究得到教育部发展规划司，特别是民办教育管理处的一贯指导，获得北京师范大学和教育学部领导、专家们的全方位支持。科学出版社高度重视该项工作，组织精干力量，帮助推进本书高质量出版。在调查过程中，各省协调人承担了推进、督促、监管工作。同时，本报告借鉴了许多同行专家的精到见解和宝贵意见，吸收了部分省市民办教育改革和发展的创新成果。谨向本报告所有的支持者，向参与本报告编写的同仁，以及给予本报告帮助和指导的领导、专家们致以衷心感谢！

由于时间和水平有限，报告中难免存在疏漏与不足之处，恳请广大读者予以批评指正。

周海涛　钟秉林
2020 年 10 月